宗教多元主義とは何か

―― 宗教理解への探求 ――

岸 根 敏 幸 著

晃 洋 書 房

目次

はじめに……1
宗教多元主義と宗教間対話／宗教多元主義のもう一つの意義——宗教哲学との関連
第一章　他宗教理解の類型論——宗教多元主義の位相……11
他宗教理解の類型論に対する一般化
一　排他主義　(13)
キリスト教における特殊性と普遍性／バルト神学と排他主義／キリスト教以外の諸宗教における排他主義的傾向／信仰と排他主義／排他主義は克服されるべき立場か
二　包括主義　(24)
キリスト教における二つの包括主義／包括主義は「周転円」か／キリスト教以外の諸宗教における包括主義的傾向
三　多元主義　(31)

通約的宗教多元主義と非通約的宗教多元主義
四　他宗教理解の類型論をめぐる問題点　(34)

第二章　宗教多元主義の成立要因……39
一　これまでに挙げられた成立要因　(39)
啓蒙主義からの影響／グローバリズムとの関係／宗教多元主義は宗教版の帝国主義か
二　ヒック自身の証言　(49)
ヒックが挙げる宗教多元主義の事例／宗教多元主義は東洋由来のヴィジョン
三　ヒック証言の問題点　(58)
ヒック証言の問題点①／ヒック証言の問題点②／ヒック証言の問題点③
四　宗教多元主義の成立要因①――キリスト教の変化　(63)
自由主義神学の抬頭／キリスト教会の変化――第二ヴァチカン公会議とエキュメニカル運動／変革的なキリスト教神学者たち／包括主義と多元主義

五　宗教多元主義の成立要因②　(72)
——グローバリゼーションによる他宗教との接触

第三章　通約的宗教多元主義——ヒックの理論を中心として……………………77
一　ヒックについて　(78)
二　三位一体論・キリスト論に対する新解釈　(80)
三位一体論とキリスト論／『神の受肉神話』の出版／ヒックの霊感的キリスト論／ヒックの三位一体論解釈／サマルサの三位一体論・キリスト論解釈①／サマルサの三位一体論・キリスト論解釈②——神中心的キリスト論
三　ヒック理論の中心点——二重実在説　(95)
本性的実在と経験的実在／カント認識論の援用／ウィトゲンシュタイン説「何かを何かとして見る」の援用／ペルソナとインペルソナ
四　関連する諸説　(104)
諸宗教の共通性／プトレマイオス的神学とコペルニクス的神学
五　ヒック理論の問題点　(106)
本性的実在の存在性／第一の問題点——宗教多元主義の仮説性／終末論

的検証／第二の問題点――宗教多元主義の多元性／第三の問題点――
「偉大な世界信仰」という概念

第四章　非通約的宗教多元主義
――カブとパニカーの主張を中心として……117

一　カブについて（118）
二　カブの問題意識（120）
宗教本質論への批判／従来の宗教多元主義者への批判
三　カブの宗教多元主義（124）
より根本的な多元主義／概念相対主義への批判／宗教間対話の意義
四　パニカーについて（130）
五　パニカーの問題意識（131）
宗教の本質への疑問／存在の理解と存在のリアリティ
六　パニカーの宗教多元主義（134）
パニカーにおける宗教の多元化と宗教多元主義の差異／宗教多元主義の基盤としての三位一体論・梵我一如説

七　非通約的宗教多元主義の問題点　(140)
カブの場合／パニカーの場合

第五章　反宗教多元主義者における他宗教理解……145
——デコスタとシュヴェーベルの場合
一　デコスタについて　(147)
二　他宗教理解の位相としての三位一体論　(148)
三位一体論に関する第一テーゼ／三位一体論に関する第二テーゼ／三位一体論に関する第三テーゼ／三位一体論に関する第四テーゼ／三位一体論に関する第五テーゼ
三　シュヴェーベルのキリスト教理解　(159)
四　シュヴェーベルの「諸宗教の神学」　(163)
五　他宗教理解と三位一体論　(166)

むすびに……171
各章の概要／宗教多元主義と宗教哲学の関連

注　記……179
あとがき……193

はじめに

　そもそも宗教多元主義（religious pluralism）とは何か。その質問に対して私は「基本的には、宗教の多元的存在性を認める考え方である」という答えを用意するだろう。言うまでもなく、現象的に見れば、世界に無数の宗教があるという事態を認めざるをえないが、これまで古今東西の大多数の人々は少なくとも自らが納得する意識のレヴェルにおいて、つまり、それらの宗教がまったく同価値の存在であるとしてその事態を認めてきたわけではない。自らの信仰する宗教があれば、当然、その宗教を他の諸宗教よりも優れたものと捉えるだろうし、激しい信仰心を保持しているために、他の諸宗教に対する適正な評価ができなくなるかもしれない。宗教多元主義とは、特定の宗教を特別視したり、他の宗教を虚偽であるとして排除するのではなく、諸宗教を同じレヴェルの存在として認めてゆこうという思潮なのである。ただし、ここでは「基本的」という断り書きを入れていることに注意してほしい。それは、本論でやがて触れるであろうように、宗教多元主義自体にも様々な考え方の違いがあり、これ以上立ち入った限定を加えてしまうと、かえって宗教多元主義の全体像を捉えきれない危険性が出てくるのではないかという理由に基づいている。

宗教多元主義の成立背景については本書の第二章で扱うので、ここで詳細に触れることは避けたいが、それは約二十数年ほど前から世界で同時多発的に提唱され始めた考え方であり、キリスト教神学界・宗教哲学界において多くの賛同者と批判者を生み出し、その是非をめぐる論争は今日においても益々活発なものとなってきている。この宗教多元主義の提唱が、現代における宗教理解をめぐる問題で重要な鍵を握っていることは否定できない事実と言えるだろう。

宗教多元主義と宗教間対話

では何が重要な鍵なのか。それを具体的に述べると、まず何にもまして、ある宗教が他の宗教をどう理解し、お互いが協調してゆくかという宗教間対話への道を開く可能性としてクローズアップされているということである。近代以降、世俗化（secularization）現象の進行によって、人々の宗教離れが加速しているとの指摘がなされて久しいが、それでもなお、宗教は様々なレヴェルで世界の諸事象に関与し、影響を与え続けている。たとえば、ユダヤ人が二千年以上の歳月を経て、神との約束の地にイスラエルを再建したことから始まったパレスチナ問題や、カトリック教徒とイギリス国教徒の凄惨な争いにまで発展し、今だ解決を見ていない北アイルランド問題、キリスト教徒とイスラーム教徒の流血事件にまで発展しているインドネシアの宗教紛争など、報道を通じて伝えられる世界中の様々な事件の背景に、依然として宗教的な対立が関与していることを認めざるをえない。そのような意味で、宗教間の相互理解を目指す宗教間対話が重要な課題であることは改めて言うまでもないだろう。ましてや現代は、世界平和の問題や環境問題など、地球規模で解決しなければならない多くの問題に直面しているし、現実の問題として、政治・経済・文化など、あらゆるレヴェルでグローバル化が進行しているのである。そのような新たな意識を背景に、対外的に見るかぎり、これまでは総じて人々の間に対立を植えつけるマイナスの作用として機能することが多かった宗教間の接触が、対話を通じて、お互いに協力し、世界の諸問題の解決に向けて努力すること、それはけっして夢物語ではなく、現実に実現すべき課題として提起されているのである。近年、特にキリスト教を中心にしてであるが、宗教間対話の促進をはかる様々なプロジェクトが進行し、また、宗教間対話をめぐる活発な理論的な構築が試みられていることは、宗教の動向に関心をもつ者にとって誰の目にも明らかなことと思われるのである。

ところで、この宗教間対話の問題はまずもって、特定の宗教教団やそれに属する人々が他の宗教教団やそれに属する人々とどう関わるかの問題ということになるだろう。その意味で、それを「教団間の問題」と呼ぶことができると考えられる。しかしながら、宗教間対話の問題は必ずしも宗教教団に関係する当事者だけの問題とは限らないだろう。たとえば、特定の宗教教団に属したり、それに関わる活動をしているわけではなくとも、特定の宗教に信仰や関心をもち、たとえば、仏教経典や聖書などの宗教聖典を読んだり、寺院や教会など宗教的な施設に訪れることで心癒される人々は、実際のところ、少なくないと思われる。このような、ある特定の宗教に信仰をもつ者とそれとは別の宗教に信仰をもつ者とがお互いにどう理解し合うかという問題も、広い意味では宗教間対話として位置づけることが可能と考えられるのである。いやむしろ、教団間の問題よりも、信仰の違いを問題とするこの「信仰間の問題」の方こそ、宗教間対話の中心的な部分に位置するものなのかもしれない。なぜなら、宗教間対話に伴う困難さは結局、宗教教団の違いにではなく、信仰内容の違いに由来するものだからである。

そしてさらに、宗教的な信仰を広い意味で人間の生を規制する力と見なし、たとえば、信念や主義やモットーや行動指針などといった、必ずしも宗教との関連を要請しないものと同性質のものであると捉えてみるならば、宗教に信仰をもつという事態と宗教に信仰をもたないという事態は、人間が自らの意思で取りうる立場の違いとして同じレヴェルで捉えることもできるだろう。つまり、「信仰間の問題」は、その延長として、宗教に信仰をもっている者同士だけではなく、信仰をもつ者とそうでない者との間にも成り立つ問題として一般化することも可能と言えるのである。

以上のように、これまで、宗教多元主義は宗教間対話への道を開く可能性として注目されてきたのであり、宗教間対話のもつ重要性からして、今後、その観点からのアプローチはますます盛んになってゆくものと考えられるだろう。

宗教多元主義のもう一つの意義——宗教哲学との関連

しかしながら、本書が宗教多元主義をテーマとして取り上げるのは、実はこの宗教間対話への道を開く可能性という観点からではない。もちろんこの観点も重要であり、実際のところ、宗教多元主義を扱う以上、それに触れないわけにはゆかないのであるが、本書は、宗教多元主義をそれとは別の観点から捉え直したいと考えているのである。それは端的に言うならば、宗教多元主義を宗教哲学的な営為に結びつけて捉えるというものである。

そもそも宗教哲学（religious philosophy あるいは philosophy of religion）は、宗教研究と哲学とが結びついたもので、従来指摘されてきたところでは、宗教を理性的に捉えながらも、それを研究者自身の主体的な問題、すなわち、価値に関わる問題を研究領域とすると位置づけられている。しかしながら実際のところ、宗教哲学は内容的に見ても多様であり、かなりの幅があると考えられる。それは二つのタイプに大別できるだろう。

その第一のタイプは「宗教が哲学する」とでも表現すべきもので、この場合、特定の宗教に対する信仰を前提としながら、それを理性的な考察によって宗教の普遍性へと高めてゆくことを目指している。その意味でこれは、特定の宗教に対する信仰をもち、それへの理解を深めてゆこうとする神学

――この場合の「神学」とはメタ言語として使用されるものであって、キリスト教神学やイスラーム神学など特定の神学を指すものではないし、仏教の諸宗派で営まれている「宗学」をも含みうるものである――の立場とも近接するが、神学の場合、基本的には問題の関心が特定の宗教にとどまるのに対して、この宗教哲学は、特定の宗教を理想的なモデルとしながら、それを普遍的な宗教概念にまで高めようとする傾向が見られる。十八世紀末頃から西ヨーロッパで興起し、展開されてきた、キリスト教を中心とし、それを宗教の完成モデルとして捉えることで、キリスト教の卓越性を論じてきたような宗教哲学はこのタイプに属し、その代表例として、カント（Immanuel Kant 一七二四―一八〇四年）やシュライアーマッハー（Friedrich E. D. Schleiermacher 一七六八―一八三四年）の宗教哲学を挙げることができるだろう。このタイプの宗教哲学は一見、特定の宗教ではなく、宗教の普遍性を理性的な認識の問題としているようであるが、最終的には、自らが信仰する宗教を弁証することを意図している点で、神学の立場とパラレルな関係にあると言えるだろう。なお従来、「哲学的神学」という立場も提唱されているが、これはこのタイプの宗教哲学の中でも、特に神学との親近性が明確に打ち出されたものと見なしうる。

それに対して、第二のタイプは「宗教を哲学する」というように表現できると思われる。このタイプの宗教哲学は特定の宗教に対する信仰を前提とせず、具体的な宗教的現象とは一定の距離を起きながら、宗教について理性的に考察するというものである。キリスト教を宗教の完成モデルと捉える観点が後退した後の宗教哲学はほとんどこちらのタイプに属すると言えるだろう。また、西田幾多郎（一八七〇―一九四五年）に始まる京都学派やその周辺の思想家たちの哲学も、広い意味において、このタイプの宗教哲学的な内容を含んでいると考えることができる。本書が前提にしている宗教哲学とは、特定の宗教に対する弁証を意図しない、このタイプのものなのである。

ところで、第一のタイプと第二のタイプの違いは、特定の宗教に対して信仰をもっているか、あるいは、信仰にまでは至らないにしても、特定の宗教に思想的な立脚点を置いているか否かということに帰せられるだろう。しかしながら、第二のタイプの宗教哲学がけっして特定の宗教とまったく無関係であるとは言い切れない。たとえば、前述の京都学派とその周辺の思想家の例を見ても、西田幾多郎、久松真一（一八八九―一九八〇年）、西谷啓治（一九〇〇―一九九〇年）には仏教――とりわけ禅宗――からの、そして、波多野精一（一八七七―一九五〇年）にはキリスト教からの影響が強く見いだされる。一般的に言えば、宗教への関心は漠然と湧いてくるものではなく、特定の宗教から何らかの影響を受けることを契機に起こる場合が多いと思われるのである。このような観点から、およそ特定の宗教に対する関心をもたないで、宗教哲学的な営為を展開することは事実上不可能であるとして、第一と第二のタイプに本質的な差異はないという指摘もある。もちろん、この指摘をそのまま受け入れるわけにはゆかないし、そもそもこの問題は宗教哲学だけのものではなく、「パースペクティヴ性」といった表現に示されるような、およそ人間が何かを理解するということがどういうことなのかという認識の基本に関わるものなのである。ただし、第二のタイプの宗教哲学にこのような基本的な問題があることは念頭に置いておきたいと思う。

さらに、今から二十年ほど前から、分析哲学の方法を適用して、神や善などといった宗教の諸問題を考える思潮が英米を中心にして提唱されていることも注意されてよいだろう。この思潮では、宗教の問題を、たとえば科学や芸術などといった他の問題と同様に、哲学の一対象として位置づけようとする点に特色があり、その意味で、従来の「宗教哲学」という呼称に込められた、宗教に対する主観的な価値づけの問題がここでは留保され、文字通り「宗教についての哲学」と言えるような形で展開されている。本書が念頭に置いている、宗教への主観的価値づけを意図する宗教哲学とは明らかに一線を画するものであるが、このような思潮が現に存在しており、これが従来の宗教哲学とどのような結びつけられるかについては今後取り組むべき課題と言えるだろう。

さて以上のように、宗教哲学的な営為といっても、様々な形態がありうるわけであるが、いずれの立場であるにしても、おそよ宗教哲学であることを標榜する以上、第一の前提とすべきことがある。それは何かを言うと、「宗教の本質」という観念である。宗教哲学は、実際に存在する個別の宗教現象を前提としながらも、それを超越する形で宗教の普遍性というものを指向している。その意味で、宗教哲学においては「宗教であること」、すなわち、「宗教の本質」という観念が大きな問題として浮かび上がってくるのである。

もちろん、この「宗教の本質」という観念は狭義の宗教学、すなわち、宗教現象学、宗教心理学、宗教社会学、宗教人類学などに代表される宗教の実証的な諸研究においても問題になるだろうが、その問題の大きさと深さは宗教哲学の場合の方がより高いと思われる。なぜなら、宗教哲学は狭義の宗教学とは異なり、宗教に対して主観的に、そして、その価値を問いながら、関与してゆくという営為だからである。多少大げさな言い方が許されるならば、宗教哲学においては、自らの生を規制する力として、また、自らの生を投企する対象として、宗教の本質に迫ってゆこうとする。それは、唯一の実在であり、かつ、自らの運命を左右する激しいものであるがゆえに、当然、強固であることが要請されるだろう。したがって、宗教哲学的な営みにおいて、宗教の本質を事実上無化し、たとえば、ウィトゲンシュタイン（Ludwig Wittgenstein 一八八九―一九五一年）が言う「家族的類似性」（family resemblance）のような、緩慢な形で宗教を理解することではたして済まされるのかどうか、それは大きな問題と言えるだろう。

そして私見によれば、宗教多元主義の是非をめぐる争点と、宗教多元主義提唱の内部に見られる一大分岐点――これについて第一章で触れる――は、この「宗教の本質」というものをどう捉えるのかという問題と深く関わっているのである。このような点から、宗教哲学的な営みにおいて、宗教多元主義をどう捉えるかということは、それを認める、認めないといういずれの立場をとるにせよ、もはや避けて通れない問題なのではないか私は考えているのである。

たしかに、宗教哲学はこれまで「宗教の本質」が何であるのかを第一の問題として考え続けてきた。しかしながら、宗教多元主義はこれまでの宗教哲学にない新しい視点を切り開いてくれるだろう。なぜなら、宗教多元主義が投げかけている問題は単に「宗教の本質」があるのか否かというだけでなく、「宗教の本質」の有無が、具体的な宗教的現象に対する位置づけとどう関係するのかという視座を与えてくれるからである。従来の宗教哲学には、具体的な宗教現象の相互関係が十分に考慮されずに、宗教の本質にそのまま迫ってゆく傾向があり、極論すれば、それはかなり恣意的な操作と言わざるをえない側面があったと思う。宗教多元主義が提起する問題は、現象を超えて本質そのものへと迫ろうとする営為に見いだされる宗教哲学のもつ観念的思弁性を、いわば個別の宗教現象をどう捉えるのかという具体性によって、その恣意性に一定の制約を与えるものと位置づけられるのである。

以上のように私は、これまで宗教間対話への可能性を開くヴィジョンとして注目されてきた宗教多元主義を、宗教哲学の中心課題である「宗教とは何か」という宗教の本質の問題を念頭に起きながら考察することを意図している。そのために本書では、宗教多元主義の位相、成立経緯、および、主要な事例について考察し、さらに、宗教多元主義への批判までも視野において、宗教多元主義の全体像を描き出したいと思う。

第一章　他宗教理解の類型論――宗教多元主義の位相

宗教多元主義をめぐる論争において、いわば共通の了解事項のように認識されているパラダイムがある。それは（一）排他主義（exclusivism）、（二）包括主義（inclusivism）、（三）多元主義（pluralism）という三種の立場を想定する他宗教理解の類型論のことである。この類型は、イギリスのキリスト教神学者で同時に宗教多元主義者でもあるレイス（Alan Race）によってはじめて提唱されたと言われており、(1)宗教多元主義をめぐる論争において多元主義者と反多元主義者の双方が使用している。その意味で、この論争における共通の認識枠と見なしてもよいだろう。この類型が広く認められている理由は、三種類の類型が、他の宗教に対してとりうる立場を分かりやすく単純化させているということ、そして、多元主義がその中でどのように位置づけられるかが一目瞭然であることなどが挙げられる。本章では、この他宗教理解の類型論を具体的にトレースすることで、宗教多元主義が他宗教理解という枠組みにおいてどのような位相にあるのかを確認することにしよう。

他宗教理解の類型論に対する一般化

ところで本題に入る前に、この類型については注意すべきことが一つある。それは従来ほとんど注意されていなかったことであるが、この他宗教理解の類型論における「他宗教理解」が、具体的には、キリスト教が他の宗教をどう理解するかということを意味しており、キリスト教という特定の宗教の立場から他の宗教をどう捉えるという観点からのみ捉えられてきたということである。それは、この類型の提唱者と言われるレイスがキリスト教神学者であり、キリスト教がこれまで他の宗教をどのように理解してきたのか、そして、今後どのように理解すべきなのかという問題意識から、この類型を提唱している点でごく自然なことだったであろう。またそもそも、今日の宗教間対話や他宗教との相互理解という活動が、実際にはキリスト教の自己改革運動の一環から出た、キリスト教主導の運動であるという事情も介在している。

しかしながら、この類型論はけっしてキリスト教に固有の問題というわけではないであろう。以下で具体的に説明するであろうように、この類型論で説かれる三種の立場はキリスト教以外の宗教にも成り立ちうるものと考えられる。当たり前のことであるが、キリスト教にとってそれ以外の宗教が「他宗教」であるのと同様に、たとえば、仏教やイスラームにとってキリスト教は「他宗教」なのであり、この類型論をキリスト教の立場に限定する必然性は何もないのである。そしてさらに、本書が意図しているような特定の宗教の弁証を意図しない宗教哲学の立場からすれば、この他宗教理解の類型論は、任意の宗教がそれ以外の宗教に対してとりうる立場の違いという形に一般化して考えることができると思う。このような理解は、もしかすると、レイスがこの類型論を提唱した本来の意図から外れてしまうかもしれないが、本書では、この他宗教理解の類型論を一般化した形で取り上げてゆくことにしたい。

一　排他主義

まず第一の排他主義とは、自らが信仰する宗教的な信念体系を絶対視し、それ以外の宗教的な信念体系の受け入れや理解を拒絶するような立場と言える。ここでは便宜上、それぞれをともに「宗教的」と呼んでいるが、厳密に言うならば、この立場では、自らの信仰する信念体系とそれ以外の信念体系との間の共通性を容認しないと考えられるので、それらを同一の「宗教的」という概念で呼ぶこと自体が適切でないと言えるかもしれない。このような発想は、程度の差こそあれ、世界の諸宗教にかなり一般的に見いだされると思われるが、排他主義の事例としてまず何よりも想起されるのはキリスト教に見られるケースであろう。

キリスト教における特殊性と普遍性

そもそも、キリスト教には特殊性と普遍性という相対立する二つの性格が同時に備わっていると考えられる。まず最初の特殊性とはキリスト教が他の宗教とは一線を画する独特の存在であるという意識であり、それは神の子であるイエス・キリストへの信仰に直接由来している。つまり、キリスト教は、他のいかなる諸宗教とも異なり、世界で唯一、神の子を頂点に戴く存在として自覚されているのである。しかし、この性格だけからではまだ排他性は出てこないだろう。

そして、もう一方の普遍性とは、キリスト教が、自らの信仰する神の意思が世界のすべてに及ぶべきであると理解していることを指している。そこから導かれる結果として、世界のすべての人々はキリスト教の神からの福音を知らなければならないことになる。しかし、世界にはキリスト教以外の宗教を営み、信仰している人々がたくさん存在している。これに対してキリスト教は、他の宗教的信仰を押しのけてでもキリスト教を布教すべきであるという発想に至るのである。

従来の「ミッション」と名づけられるキリスト教の宣教活動は、キリスト教以外の諸宗教の存在をほとんど無視していたという点で、ひどく傲慢なように思われるが、キリスト教側からみれば、神の意思が普遍的であることを証明するために絶対に必要なことと位置づけられるのである。キリスト教における排他主義はこの二つの特色が先鋭的な形で表れたものと言えるだろう。

この排他主義の具体例としてよく挙げられるのが、カトリック教会のドグマ「教会の外に救いなし」(Extra Ecclesiam nulla salus) やプロテスタント教会の海外宣教運動の主張「キリスト教の外に救いなし」である。それは教義的に言えば、つぎのように説明できるだろう。つまり、この立場は原罪説とキリストの贖罪死による許しを前提にしている。人間はアダム以来、生まれながらに罪を伴っている。そのかぎり、神による救済はありえない。そして、救済される者へと身分変更されるためには、人間の原罪を贖うために処刑されたキリスト——ひいては、その継承者であるキリスト教会——への信仰が不可欠とされるのである。ところが、キリスト教以外の宗教信仰者は、キリストとはまったく無関係に存在している。したがって、救済される者への身分変更はありえないことになる。

一四三八年から一四四五年にかけて開かれたフローレンス公会議の宣布「カトリック教会の内に生きていない者たちは、異教徒のみならずユダヤ人、異端者、教会分離者を含めて、皆永遠の命にあずかる者となることはできず、この者どもが世の終わりまでに群に加えられないかぎり、命の主を離れて『悪魔とその使いたちのために用意された永遠の火にはいる』(「マタイの福音書」二五・四一)であろう」というのは、現代の私たちの目から見れば、実に不遜な発言のようにも思われる。しかし、キリスト教だけが唯一の救済の源泉であると確信していた当時の人々にとっては、至極当然のことだったのである。

バルト神学と排他主義

つぎに、レイスも排他主義の事例として挙げているバルト（Karl Barth 一八八六―一九六八年）の神学について検討することにしよう。バルトは現代キリスト教神学を代表する神学者であり、一般にバルトの代表的著作『ローマ書講解』（Der Römerbrief）の出現をもって、現代キリスト教神学の幕開けが始まったと言われている。今日においても、その神学はキリスト教神学全体に計り知れない影響を与え続けていると言ってよい。このバルト神学は、自由主義神学などの近代神学が典型的に示しているような、人間が中心となって神を考えるという神学的あり方を批判し、それとはまったく正反対に、人間の行いが完全に払拭された時にこそ、神の恵みが啓示されるという発想をとる。つまり、神と人間が直接的に連続するものとして、それを人間側から捉えることができるのであるというような見方を排除して、神と人間の間に無限に横たわる質的差異を強調したのである。この神と人間の関係に関わる逆説的な啓示のあり方こそ、その神学が弁証法的神学（dialektische Theologie）と呼ばれている所以である。そして、バルトによれば、この神の啓示は聖書においてのみ「キリストの出来事」という形で証されている。その意味で、バルト神学は徹底的にキリスト中心主義、聖書中心主義の立場にあると言えるだろう。なお、前者の立場は「キリスト論的神学」、後者の立場は「神の言葉の神学」と呼ばれることもある。

さて、このバルトの神学が他宗教理解という観点とどのようにむすびつくのだろうか。神の啓示を聖書における「キリストの出来事」としてのみ捉えようとするバルトからすれば、キリスト教以外の諸宗教は例外なく人間が神を考えるという営みにすぎない。その意味で、他宗教はキリスト教とはまったく異質なものとして捉えられている。つまり、バルト神学はキリスト教以外の諸宗教を受け入れる余地をもともと想定していない立場であったと指摘できるであろう。他宗教への理解という視点がそもそもない以上、バルト神学をそのまま排他主義と規定することには多少の無理があるかもしれないが、結果的には、バルト神学はキリスト教の絶対性、つまり、キリスト教こそがこの世界で唯一の救いの道にほかならないということを再確認しようとしたのである。バルト神学がその後のキリスト教神学に与えた影響からしてもみても、この神学的な立場はキリスト教の排他主義的傾向を代表する典型的事例の一つとして挙げざるをえないだろう。

キリスト教以外の諸宗教における排他主義的傾向

以上のように、自らの宗教の信念体系のみを唯一絶対とし、他宗教の信念体系を排除しようとする発想はキリスト教において顕著に見いだされるが、このような見方はけっしてキリスト教だけにあるわけではない。程度の差こそあるが、世界の様々な諸宗教にも見いだされるものである。その代表的事例は、世界の様々な宗教に存在している、自らの宗教の絶対性を強調する「至上主義」などと称される存在である。ここではその具体例として、ヒンドゥー教至上主義やイスラーム原理主義などを挙げておこう。

前者のヒンドゥー教至上主義はインドを舞台とするものであるが、インドは多宗教国家であり、複数の宗教が協調あるいは対立するという歴史を繰り返してきた。ヒンドゥー教至上主義は特にインドがイギリスから独立して（一九四七年）以後、急速に力をつけてきており、個別の宗教的違いを超えて普遍的宗教を説いたガーンディー（Mohandās Karamchand Gāndhī 一八六九―一九四八年）はヒンドゥー教至上主義者によって暗殺された。その直接の原因は、ガーンディーがヒンドゥー教とイスラームの相互理解を推進させたことが、ヒンドゥー教に対する背徳行為と受け取られたからである。ヒンドゥー教至上主義はその後も活発な活動を続けており、イスラーム寺院の破壊やキリスト教宣教師の殺害など、他宗教への攻撃的性格をますます強めている。また、政治にも進出しており、多宗教国家インドをヒンドゥー教によって統治することを目指すインド人民党を設立した。一九九八年に成立したバジパイ連立政権の第一党はこの政党である。

後者のイスラーム原理主義の場合、穏健的な多数派と行動的な過激派に分かれており、イスラーム原理主義全体そのものが排他的傾向をもっているのではない。また、イスラームは宗教だけを指すのでなく、文化生活の総体である点からして、この場合の排他的傾向とは、宗教のみならず、文化全般に関わるものと言えるだろう。イスラーム原理主義は、西洋文化・文明の流入によって混乱した社会をイスラームの伝統に従って改革してゆこうとする、宗教をも含む大きな社会運動であり、その改革を阻害するものについては、たとえば、過激派によるアメリカへのテロリズムのような活動をとる場合がある。

このような具体例には枚挙にいとまがないが、これらの至上主義的な傾向はその宗教を絶対的な存在と捉える立場であり、その結果として、他宗教の存在を否定したり、場合によっては、暴力を伴う攻撃性さえ示すことがある。このような至上主義がなぜ生じるのかについては、宗教ごとに個別の事情があると思われ、そう単純な説明をすることは許されないと思うが、少なくともつぎのことは指摘できるだろう。一般に、本来的に他宗教に対して排他的な傾向をもつ宗教はきわめて稀なのであって、何らかの要因が与えられることによって、後天的に排他的性格に転じたと考えられる点である。その要因として、たとえば、その宗教やその宗教の信仰者が、ある地域社会で衰退し、危機的な意識をもっている場合とか、あるいは、自らの存在を脅かすような新たな宗教が抬頭してきているような場合などが考えられるだろう。

信仰と排他主義

宗教多元主義の中心的提唱者であるヒック（John Hick　一九二二―二〇一二年）はこの排他主義の立場を、ヒューマニズムに反する偏狭な立場とみなし、しばしば批判の対象としている。たしかに、この排他主義が文字通り他の宗教を阻害するような動きに出る場合、到底、良識のある人間には受け入れられない立場ということになるだろう。事実、宗教は社会において、多くの対立を引き起こしてきた有力要因の一つであり、現代においても依然として世界の各地でこういった紛争が頻発していることは周知の通りである。自らの宗教だけが正しいと信じる営為は人間的視野の矮小さにもつながってゆく側面があることは確かであろう。

しかしながら、問題はそう単純なものではないように思われる。というのも、この排他主義的な立場として、必ずしも至上主義的な宗教教団だけを想定するわけにはゆかないからである。たとえば一人の人間の信仰を例にとっても、ある意味で、信仰は絶対としか捉えられないような側面をもっている。その信仰の純粋さや強固さのゆえに、それ以外の可能性を認めえないという事態はありうるのではないかと思われる。純粋性と偏狭性の線引きはけっして容易なことではないのである。ここではその問題に関わる事例として、トレルチ（Ernst Troeltsch 一八六五―一九二三年）における「個人的確信」(persönlicher Überzeugung) としての絶対性を取り上げることにしよう。

トレルチは現代キリスト教神学を代表する神学者の一人であり、多方面で活躍したが、特にキリスト教の絶対性に関する研究で知られている。トレルチは、従来のキリスト教が常に前提として捉えてきたキリスト教の絶対性という問題を、比較宗教学的な方法によって明らかにしようとした。もっとも、そもそも比較宗教学そのものがキリスト教の非絶対性を前提として成立するものであるから、トレルチの試みは当初から無理があったとも言えるだろう。そして結局、トレルチはキリスト教が他の宗教とは異なった絶対的存在であるということを否定せざるをえなかったのである。彼の理解によれば、キリスト教とは、この世界に神が介入したという奇跡ではなく、イエスをキリストとして信仰することを中心とした宗教共同体にほかならないのである。

このようにキリスト教の絶対性は、トレルチの意図とは相反する形で否定されたのであるが、トレルチはだからと言ってキリスト教を相対的な存在と認めたわけではなかった。トレルチは「個人的確信」としての絶対性を認めている。つまり、これは客観的には絶対的ではないが、個人の信仰としては絶対であるという表明である。もちろん、このような発言が論理的には無効なことは明らかなことであるが、しかし、トレルチをして、そのように言わしめた点は十分注目する必要があるだろう。およそ宗教の問題に限らず、現実の生活において、客観的に見れば絶対的とは言えないけれども、絶対的と言わざるをえない事例を挙げることができるだろう。たとえば、人生において「それによって運命が決まった」と評しうるような決定的な時間や場所との遭遇、さらに、親や子供という肉親との遭遇などである。これらは端的に言えば、無数にある時間や場所の中の一つ、さらに、無数の人間の一人にすぎないだろう。しかしそれでいて、それらとの遭遇は一人の人間にとってやはり「絶対的である」とか「運命的である」と言わざるをえない側面をもっているのである。トレルチは「個人的確信」としての絶対性という表現で、キリスト教がキリスト教徒にとっては絶対的なものなのであると主張しているのである。

このトレルチの事例のように、客観的には絶対的な存在でないにしても、個人の確信としては絶対的と言わざるをえないような場合がある。これは、キリスト教が自分にとって絶対的であるように、他の宗教も他の人間にとっては絶対的なのであるという宗教の相対的理解へと進む場合と、自分にとって絶対的であることを前面に出して、他の宗教を認めようとしない宗教の絶対的理解へと進む場合の二つが考えられるだろう。ここで問題にしている排他主義は後者の場合を指しているのである。

排他主義は克服されるべき立場か

以上のように、世界の諸宗教における事例を挙げながら、排他主義という立場について考察してきたが、ここで問題として提起しておきたいのは、排他主義が克服されるべき立場なのかという点である。たしかに、排他主義は、自己中心的で他者の存在を考慮しないという点で偏狭な立場と見ることもできるが、そもそも宗教的な信仰というものはそのような側面をもっているだろう。自らの信念体系とは違う信念体系に対して反発するというのはごく自然なことなのではないだろうか。自らの信じるものがこの世界に関して真実を説いているという確信があるならば、それとは異なる真実が説かれているという事態を看過することはできないように思われる。したがって、私は排他主義を、たとえばヒックが行っているようなヒューマニスティックな立場から批判することにはけっして同意できないだろう。たしかにそういう批判は成り立つのであるが、その批判が排他主義の核心的な部分に触れていないと考えるからである。

それとも関連するが、排他主義の立場から他宗教理解の問題を捉え直そうとする発想もある。たとえば、分析哲学者として知られ、かつ、キリスト教の弁証も試みるプランティンガ（Alvin Plantinga）は、ある主張を提示することは、実は同時に、それに反する主張を排除する要素を含まざるをえないのであるということを明らかにし、排他主義を偏狭であると批判する多元主義者こそ、あらゆる宗教的信念をあたかも上から眺めるような形で見下しており、しかも、そのことを正直に認めていないという点で自己欺瞞であると指摘している。(2) この指摘を承けて梅津光弘は、排他主義を宗教的な信念の積極的な側面として捉え、それを出発点として多元主義を捉え直すことを提唱している。(3) この場合の多元主義とは排他主義に対立する立場ではなく、倫理学の課題として受け止められている。つまり、宗教間において必要なのは、お互いの宗教のもっている信念体系の排他性をなくすことではなく、各々の信念体系を維持しながら、他の宗教とどう関わってゆくかという行動規範を確立することであるというのである。そう考えれば、前述の「教会の外に救いなし」などという宣言はそのような行動規範の欠如という倫理学的な問題として見なすことができるだろう。

二　包括主義

次に第二の包括主義とは、自らの信仰する信念体系の絶対性を保持しつつも、それとは別の信念体系に対しても理解を示そうとする立場と定義することができる。当然のことながら、この包括主義は、その理解を示す度合いに応じて、大きな幅をもつ可能性が考えられる。たとえば、その幅の一つの極として、他宗教理解が自らの信念体系の補完に不可欠であるというような考え方もありうるだろうし、その対極として、他宗教の信念体系を自らの信念体系の亜流として捉え直すという考え方もありうるだろう。その幅に応じて、他宗教に接近してゆく度合いも異なってくる。この包括主義は、他宗教への理解というものにある程度の歩み寄りを示しており、自らの信仰している宗教との関わりで他宗教の存在意義を規定しようとしている点では前述の排他主義とは一線を画していると言えるだろう。ここでは、世界の諸宗教に見られる包括主義的性格について検討してみることにしよう。

キリスト教における二つの包括主義

ヒックの説明によれば、現代世界において、特定宗教の絶対性を強調し、その他の宗教の存在意義を否定するような排他主義の立場はもはや容認されえない。したがって、キリスト教は排他主義から包括主義へと立場を移行させつつあるという現状分析を与えている。(4) そしてさらに、今日のキリスト教がとりつつある包括主義の立場を大きく二つの形態に分けて、その特色を解説している。

その最初の形態は、キリストによる贖罪はすべての人間に向けられているので、たとえキリスト教を信仰せず、また「キリスト」という名前すら知らない人間であっても、キリストによって罪を贖われ、救済される、というものである。これは前述したキリスト教の普遍的性格に関係するものであり、先ほどはそれをキリスト教の排他主義的傾向を生み出した要因として位置づけたが、実を言えば、見方の変えようによって、この性格が同時に包括主義を生み出すものとなる。つまり、キリスト教の信仰する神が世界全体の救済を意図する神なのであるという主張は、他宗教に重点を置いて見れば、それらの他宗教による救済を否定するという排他主義へと導くけれども、他宗教を信仰する人々に重点を置いて見れば、キリスト教以外のいかなる宗教を信じていたとしても、すべての人々が救済されるべきであるという主張となって、キリスト教によってこの世界すべての人間が救済されるという包括主義へと導いてゆくのである。

もう一つの形態は、人間の生の漸進的改革を宗教の目的として捉え、その改革が程度の差こそあれ、キリスト教以外の諸宗教にもありうることを認めるというものである。それは端的に言うならば、キリスト教以外の宗教にもキリスト教に準ずる形の救済を認めることを意味することになる。ヒックの指摘するように、(5)「ヒンドゥー教における知られざるキリスト」についても語りうるだろうし、また、この形態ではさしずめ、ブッダは「仏教におけるキリスト」、ムハンマドは「イスラームにおけるキリスト」ということになるだろう。しかし、「キリスト教におけるブッダ」、「キリスト教におけるムハンマド」などというような逆の立場はありえない。それは、キリスト教に準ずる形で他宗教を捉えてゆこうという視点に立つかぎり、当然のことと言えるが、教義的には、キリスト教では受肉した三位一体（trinitas）の第二位格であるキリストという救済の源泉に直接出会っているので、その源泉を他の宗教に求める必要がないからである、と説明されている。従来、このタイプの包括主義の典型例として、現代カトリック神学を代表する神学者ラーナー（Karl Rahner 一九〇四―一九八四年）の「匿名のキリスト教徒」（anonyme Christen）という考え方が挙げられている。この「匿名のキリスト教徒」という概念とは、キリスト教以外の諸宗教においてもキリスト教に準ずる形の救済がありうる以上、それらの諸宗教に対する信仰者は、本人がそれを意識するか否かに拘わらず、イエス・キリストによる救済に与るキリスト教徒として位置づけられる、というものである。なお、ラーナーについては第三章でも触れることになるので、ここでは簡潔な言及にとどめることにしよう。

ヒックは排他主義と同様、包括主義も批判しているが、特にここで挙げた包括主義の第二の形態については手厳しく論評している。ヒックにとってはラーナーが考えた「匿名のキリスト教徒」という概念はキリスト教の独善的な態度以外の何ものでもない。たしかに、他の宗教にさえキリスト教というレッテルを貼って理解しようとする営為は、ある種の傲慢さを感じないわけではない。余談になるが、私は、かつて南アフリカで日本人が「名誉白人」と呼ばれていた――現在も呼ばれているのかもしれないが――ことへの不快な気分を想起せざるをえないのである。

たしかに、レッテルを貼られる側としては不快な結果に違いないが、排他主義の場合と同様に、とりあえずヒューマニズム的な観点は措いておこう。ここで重要なことは、従来、他のいかなる宗教に対しても真正な価値を見いだささなかったキリスト教が他の宗教にもキリスト教と同種の救済があるという事態を認めた点にある。おそらくこれは、自らの宗教の絶対性を確信している者がなしうる譲歩の限界点なのではないかと思われる。それを超えた時、もはやキリスト教の絶対性主張は崩壊し、包括主義は多元主義へと転じるであろう。

包括主義は「周転円」か

以下では、もう少し別の観点から包括主義を捉えてみよう。前述のように、ヒックによる理解によれば、キリスト教は現代ではもはや通用しない排他主義の立場を捨てて、包括主義の立場へと移行しつつあると位置づけられていた。しかし、ヒックにとっては、排他主義であれ、包括主義であれ、キリスト教の絶対性を容認し続けるかぎり大した違いはないのである。ヒックは包括主義を天文学史上における「周転円」(epicycle)のようなものであると位置づけている。周転円は、アポロニウス(Apollonius　紀元前二六〇―二二〇年?)という天文学者が提唱し、天動説を主張していたプトレマイオス（Ptolemaios 一四〇年―）がまとめた上げたもので、天動説と実際の観測結果の辻褄を合わせるために考え出された便宜的解釈である。要するに、包括主義という発想は、キリスト教の絶対性主張の提唱と現代における宗教の多元性という実際の状況の辻褄を合わせるために便宜的に考え出されたものと見なしているのである。

このような指摘をどう考えるだろうか。ここでは、排他主義が必ずしも過去形の立場でないことを強調しておきながら、端的に疑問点を挙げておきたいと思う。すなわち、私は包括主義が多元主義へと移行する過渡期的形態であるとは必ずしも考えていない。過渡期的形態というのは、未完成なものが完成した形態へと移行することの謂であるが、そもそも、理論的な観点から見ても、また、宗教多元主義が実際の宗教に受け入れられるものなのかという現実的な観点から見ても、多元主義自身、様々な問題点を抱えている。いまだ完成した形態とはほど遠い状態にある。包括主義――排他主義との関係もまたそうであるが――と多元主義の是非はまだまだ決着をみていないのである。したがって、包括主義が「周転円」である否かを問う以前の問題として、包括主義が多元主義へと至る過渡期的形態であるという主張の明確な根拠こそが明示されるべきであろう。

さらに、同様の指摘が排他主義と包括主義の間にも成り立つかもしれない。たしかに、ラーナーはキリスト教以外には救済はないという立場から、キリスト教以外にも救済があるという立場への移行を提唱した。その意味では、排他主義から包括主義への方向性が確認できるだろう。しかし、本来のキリスト教が排他主義的であると決めつけるのはかなり曖昧な指摘にすぎないよう思われる。たとえば、現代を代表するキリスト教神学者の一人パネンベルク（Wolfhart Pannenberg　一九二八―二〇一四年）は、キリスト教的包括主義という発想はイエス自身の教えにまで遡ることができるキリスト教本来の立場であって、むしろ、その立場が教会権威の強化とともに排他的な立場に移行していったと指摘している。[6]つまり、ヒックとは逆に包括主義から排他主義への方向性を示唆しているのである。包括主義が必ずしも多元主義へ移行する過渡期的形態であるとは言えないのと同様に、包括主義が排他主義を克服した上で成立した立場であるとも言えないのである。

キリスト教以外の諸宗教における包括主義的傾向

排他主義と同様に、包括主義的な傾向も世界の様々な宗教に見いだすことができる。というよりはむしろ、包括主義的な傾向は、ある宗教Ａが、それとは別の宗教Ｂが伝統的な基盤をなしている地域に浸透する場合に生じる、かなり一般的な形態のように思われる。この場合、宗教Ａが宗教Ｂを包括する方向性と、それとは逆に宗教Ｂが宗教Ａを包括する方向性の二つが現実に起こる可能性としてあるが、通常は勢力の強い宗教が弱い宗教を包括するだろう。

事例には枚挙のいとまがないが、ここでは特に、ヴィシュヌ教派の化身（avatāra）説と日本の宗教史上における神仏習合という二つの事例を挙げておきたい。

まずヴィシュヌ教派はインドの民族宗教であるヒンドゥー教においてシヴァ教派と並ぶ大きな勢力であるが、さらに、その一派としてバーガヴァタ派というものがある。この派は、従来に信仰の対象とされてきた様々な神や英雄をヴィシュヌの化身とみなすことによって、それらの信仰をそのまま吸収してしまうような包容性をもっている。たとえば、ヴィシュヌはクリシュナと同一視されるが、ヴィシュヌは『リグ・ヴェーダ』（*Ṛg-veda*）にまで遡るバラモン教の神であるのに対して、クリシュナは民間信仰の奉じていた英雄であって、本来はまったく別なものである。それが同一視されるようになったのは、バラモン教が仏教などといったヴェーダの権威を認めない非正統的な宗教の隆盛に対抗するためであったと推測されている。その結果として、バラモン教は民間信仰を取り込み、自らをヒンドゥー教という形で民衆化されていったのである。[7] その後、ヒンドゥー教は、ブッダをヴィシュヌの化身と見なすことによって、仏教の吸収さえもはかっており、それがインドにおける仏教滅亡の原因の一つに挙げられている。

一方、日本の宗教史において展開された「神仏習合」と呼ばれる神道と仏教の融合もヒンドゥー教の場合と同様の特色をもっており、仏教を主軸として、神道の神々がそれに吸収されてゆくという形で進められてきた。つまり、仏や菩薩は民衆を救済するために神々という仮の姿をとって現れたと理解される。これが本《ほん》地《じ》垂迹《すいじゃく》説である。その結果、民衆レヴェルの信仰としては、神道と仏教が分かちがたいほど密接な形で営まれてきたのである。

多元主義という理念性はともかく措いて、ここでは宗教の具体的な現象面に注目しているのであるが、宗教Aと宗教Bが出合い、その共存状態が維持されているような場合、宗教Aか宗教Bのどちらを主軸とした包括主義的な現象が生じていると考えられる――もちろん、両者が完全に無視し合うということも考えられないこともないが、それは厳密な意味で共存とは言えないだろう。その意味で包括主義という他宗教理解のあり方は、キリスト教に限定されるものではなく、世界の諸宗教に見られる一般的な形態と言えるのである。

三　多元主義

そして、他宗教理解の第三の立場が多元主義である。包括主義との決定的な違いは、多元主義の場合、自らが信仰する宗教に準ずる形で他の宗教を理解するのではなく、自らが信仰する宗教とは独立に、他の宗教が存在していることの意義を認めようとする点に求められるだろう。

ところで、この多元主義も、排他主義や包括主義と同様、多様な形態をとりうる可能性が考えられ、実際に様々なタイプの宗教多元主義が提唱されるに至っている。しかしながら、私見によるかぎり、宗教多元主義それ自体が多様な形をとりうるということが必ずしも十分には認識されていないように思われる。「宗教多元主義」と言えば、ヒックの理論のみを想起し、それへの言及をもって、宗教多元主義を位置づけたとする論調が依然として多いと感じるのである。もちろん、宗教多元主義の代表的提唱者であるヒックの理論を十分に検討することは不可欠なことであるが、本書は、宗教多元主義が現代における宗教理解においてどのような問題を提起しているのかという大きな目的に向けて、宗教多元主義の全体像を明らかにしたいと考えている。そのためにも、宗教多元主義をヒックのそれに限定することなく、宗教多元主義それ自体のもつ多様性に注目してゆきたいと考えているのである。

通約的宗教多元主義と非通約的宗教多元主義

さて、多くの論者たちによって提唱されている宗教多元主義は、その基本構造に注目してみると、大きく二つのタイプに区別できると考えられる。

まず第一のタイプは、様々な宗教の中に何らかの共通点を見いだし、その共通点を強調することによって、現象としての諸宗教を超えた、普遍的な宗教性あるいは宗教の本質といったものに指向してゆこうとする宗教多元主義である。本書ではこのタイプの宗教多元主義を「通約的宗教多元主義」と呼ぶことにしたい。このタイプの宗教多元主義の場合、実際に存在する諸宗教よりも、それらの宗教に共通する理念としての宗教性の方に重点が置かれている。その意味で、この多元主義は、独立した複数の真理の存在を容認するような単純な多元主義とは異なり、語弊を招くことを覚悟して言えば、一元性を強く指向する宗教多元主義と言うことができる。しかしそれがまた、単純な一元主義に陥らないのは、諸宗教に対する一元的理解に裏づけされてこそ、諸宗教の多元性が認められるという視点に立っているからであろう。このタイプの典型例としてヒック、スミス（Wilfred Cantwell D. Smith　一九一六―二〇〇〇年）[8]、ニッター（Paul F. Knitter）[9]などの宗教多元主義を挙げることができる。

それに対して、第二のタイプは、各々の宗教的存在を他に替えがたい固有の存在と見なすことによって、それらに共通するような普遍的な宗教性や宗教の本質といったものを導出しない宗教多元主義である。本書ではこのタイプの宗教多元主義を「非通約的宗教多元主義」と呼ぶことにしたい。このタイプの宗教多元主義は、現象としての宗教の多元性をそのまま認めようとしている点で、文字通りの宗教多元主義であると言うことができる。このタイプの典型例として、カブ（John B. Cobb, Jr.）[10]、パニカー（Raimundo Panikkar　一九一八―二〇一〇年）、トレーシー（David Tracy）などの宗教多元主義を挙げることができる。

本来ならば、標準的な宗教多元主義である後者こそを第一のタイプに挙げ、いわば変形的な宗教多元主義とみなされる前者を第二のタイプに挙げるべきであるが、本書では順序を逆にしている。それは、第二のタイプの宗教多元主義が、第一のタイプの宗教多元主義へのアンチテーゼとして提唱されてきたと考えられる点と、また、先ほど従来の宗教多元主義への言及がヒックのそれに圧倒的に集中してきたことを問題視したが、宗教多元主義におけるヒック理論のもつ比重はやはり無視できないものであり、宗教多元主義を問題にする以上、どうしてもヒック理論から行わなければならないという点に基づいている。

従来の研究においても、宗教多元主義というものがけっして単一なものでなく、多様な形態がありうること、そして、ヒック以外の宗教多元主義に注目するような指摘もなされていると思うが、本書では、宗教多元主義に宗教の普遍性あるいは宗教の本質を認めるものと認めないものという相対立する二つの立場があることに注目し、それらを「通約的宗教多元主義」と「非通約的宗教多元主義」という形で明示的に区別しておきたい。そして、通約的宗教多元主義の典型的な事例として主としてヒックの宗教多元主義を、非通約的宗教多元主義の典型的な事例として主としてカブとパニカーの宗教多元主義を、各々第三章と第四章で独立に取り扱いたいと思う。

四　他宗教理解の類型論をめぐる問題点

これまで、レイスの提唱している他宗教理解の類型論によって示された排他主義、包括主義、多元主義という三種の立場に基づいて、宗教間の関係に対する具体的な様相について考察してきた。たしかに、三種の類型はある特定の宗教、あるいは、それに対する信仰者がそれとは異なる宗教や異なる信仰者をどう理解するという他宗教理解の問題を分かりやすく描き出すことに成功している。その分かりやすさが、宗教多元主義を巡る論争で、多元主義者・反多元主義者という相反する双方の論者たちによってこの類型が概ね受け入れられている最大の理由であると言えるだろう。宗教多元主義の問題を考える上でこの類型論を欠いた議論はもはや事実上不可能とさえ言えるのである。

しかしながら、この類型論には問題とすべき点が多くあるし、実際、この類型論に対する反省・批判も展開されてきている。本書でも、この類型論の有効性は十分に認めながらも、方法論的な視点からそれについて批判的な考察を加えておきたいと思う。主な問題点として以下に示す三点が挙げられると思う。

まず最初に、もっとも根本的な問題として、この類型論がある一つの明確な価値観によって形成されている点が挙げられる。つまり、この類型の最初の提唱者と目されるレイスは、多元主義に最大の価値を見いだす多元主義者なのであり、それゆえに、排他主義、包括主義、多元主義という順序は単なる併記ではなく、ある宗教が他宗教に対してとる態度の段階的進化という意味合いさえも含意しているように思われる。この類型論を使用するかぎり、私たちは「偏狭な排他主義から包括主義へ移行した」とか「包括主義は暫定的な考えであって、その理論を徹底させれば多元主義になる」というような観念の想起を避けることが難しいであろう。

つぎに、類型がなぜこの三種類だけに限定されるのかも問題とされるだろう。三種の類型だけで様々な宗教を分類整理することには明確な必然性があるわけではないのである。これまで触れたように、三種の類型の各々もかなりの幅をもっている。その意味で、類型化もまだまだ再検討する余地があると言えるのではないだろうか。

なお、ヒックは、いかに細かく分類したとしても、結局、それらは、この三種の類型の亜流にすぎないだろうと述べ(11)、この三種の類型を他宗教理解の基本型として捉えようとしている。しかしながら、これらの類型があくまでも、ある宗教が他の宗教に対してどのような態度を取りうるかという大まかな方向性であることを認識しておかないと、この類型がかえって宗教理解にとって足枷になる危険性も考えられるのである。

第三はキリスト教に関する問題点である。たとえば、世界教会協議会総会議長を務めたこともあるキリスト教神学者トーマス（Madathiparambil Mammen Tomas 一九一六―一九九六年）は、諸宗教を霊的に評価する基準としてキリストを捉えつつ、その霊を見分ける――つまり、それが本当に神からのものであると判断する――際に、キリスト教はどうしても排他主義と包括主義と多元主義とを合わせたアプローチにならざるをえないことを指摘している(12)。つまり、キリスト教が他の宗教とどう関わるは一義的に規定できないものであって、純粋に排他主義的、包括主義的、多元主義的と言えるようなキリスト教的立場は存在しないというのである。

また、たとえば「仏教」や「キリスト教」などと言うように、一つの概念で宗教の存在全体を指示しうると考えられているが、実際の宗教は自己同一的・スタティックなものではなく、たえず変化し、ダイナミックに存在し、時代状況などによって様々な様相を呈するという事実がある。この点から見ても、一つの宗教を排他主義、包括主義、多元主義のどれかに当てはめようとする試みには無理が出て来るであろう。それは、仏教、キリスト教、イスラームなどの主要な宗教のどれをとってもそう思われる。

以上のように、他宗教理解の類型論についての問題点を指摘してきた。この類型論が宗教多元主義をめぐる論争でほとんど普遍的に使用されているという事実からして、この類型論の重要性は認めざるをえないが、問題点もいくつか存在していると言える。したがって、これらの類型を既成の概念としてそのまま鵜呑みにするのではなく、一定の距離を置きながら、方法論的に反省し直すということも必要であろう。

第二章　宗教多元主義の成立要因

宗教多元主義はどのような経緯で成立したのであろうか。本章はこの問題を考察することにしたい。そのためのプロセスとして、まず、これまでに挙げられた主な成立要因を批判的に検討し、ついで、宗教多元主義の中心的な提唱者ヒック自身による説明を批判的に検討し、最後に私見を述べることにしよう。

一　これまでに挙げられた成立要因

宗教多元主義の成立要因については多くの説が指摘されている。ここでは特に注目される三つの説を紹介し、検討することにしよう。

啓蒙主義からの影響

まずその第一は宗教多元主義が啓蒙主義（Enlightenment）の影響によって生み出されたと捉える説である。[1] そもそも啓蒙主義とは、十六世紀末から十八世紀後半にヨーロッパで起こった、人間の理性を尊重する合理的な思想動向のことを指している。もちろん、それ以前の時代にも理性尊重という発想はあったには違いないが、それと決定的な異なるのは、啓蒙主義が、従来は神の領域に属するような自然法則などを理性によって把握することが可能であるという視点を与えた点である。この啓蒙主義を代表する書として挙げられるのがニュートン（Isaac Newton　一六四二―一七二七年）の『プリンキピア』（原題『自然哲学の数学的諸原理』*Philosophiae naturalis principia mathematica*）であるが、これは単に物理学の書であるばかりではなく、人間の理性が神に取って代わる――もっとも、それは神を否定し、人間がそれに取って代わるというものではない――という壮大な構想を秘めた書なのである。ニュートンは神学的には理神論（Deism）の立場をとった。理神論とは、神を世界の創造者として認めるが、世界は神に創造されるや否や、それ自身の法則で機能する、という立場をとるものである。理神論における神と世界の関係は、時計職人が作るや否や、時計はそれ自身で動き出すという「時計職人の比喩」における時計職人と時計の関係になぞらえることができる。この立場では、神が自然に直接介入してくるような神の摂理や奇跡を否定するので、到底、正統的なキリスト教神学が認めることのできないものであったが、宗教、とりわけキリスト教の啓示を合理的に理解してゆこうとする発想は、その後のキリスト教神学でも様々な形で展開してゆくのである。

一般にこの啓蒙主義は、カントの出現によって完成するとともに衰退へと向かった、と評されている。周知のように、カントは認識論におけるコペルニクス的転回を主張した。現にある対象を受動的に認識するという従来の立場を逆転させて、対象が認識者に従う形で認識されるとしたのである。これは結局、認識される対象が私たちの認識に備わる形式によって形成されたものにすぎず、私たちは、存在するものをそれ自身として認識することはできないということを意味している。存在するものは私たちの感性に備わる空間と時間という二つの形式を経ないかぎり、対象とはなりえないのである。このようなカントの認識論は、神、自由、魂の不滅などの形而上的な事例にもそのまま当てはまる。私たちの感性の視野に入ってこない以上、それらの存在性を主張することは単なる独断論にすぎない。カントは人間の認識能力の限界を明確にしようとしたのである。しかし、カントは神などの存在を否定したわけではない。彼は神というものが、存在するとか存在しないという通常の理性的認識の問題に属さないことを明らかにしたのである。カントにとって神は人間の心の問題であり、実践理性(der practischen Vernunft) が求める道徳や信仰の問題なのである。

さて、この第一の説を提唱する論者たちは、宗教多元主義という発想のなかに、神秘や奇跡を排除し、宗教に対して理性的に認識することに重点を置く合理的な性格を見いだそうとする。たしかに、ヒックは、従来のキリスト教における核心的な教義「イエスは神の子である」を否定しようとしている。つまり、その解釈を、ありうる可能性の中から選択された一つの解釈として位置づけるのである。そして、ヒックはそれに代わるものとして、イエスを「神の子」ではなく、一人の優れた霊的能力者――もっとも、理性的な認識の前では、この「霊的能力」なるものも当然批判の対象となりうるが――という解釈を提示しようとするのである。その意味では、キリスト教に見いだされる神秘や奇跡をそのまま受容するのではなく、現代的な観点から理性的に捉え直そうとする試みと言えるであろう。たしかに、キリスト教だけを唯一の宗教と捉え、他の宗教の存在意義を無視する態度は、信仰の立場は別として、理性的な認識を立場とするかぎり、不合理であり、多くの困難を伴うと言わざるをえない。世界に存在するキリスト教、仏教、イスラームなどといった存在をいわゆる「宗教」として捉え、その特色や構造を普遍的に捉えてゆくことは合理的な態度の当然の帰結と言える。狭義の宗教学は本来そのような性格をもっている。ヒックはこの立場を神学の分野に導入し、信仰の多様性を合理的に捉えようとした、と評価することができるかもしれない。

このように捉えてみると、啓蒙主義や合理主義を宗教多元主義の成立要因として考える推定説がある程度妥当であるように思われるのであるけれども、しかしながら、少なくともヒック自身はこの説をそのまま認めているわけではない。彼は *A Christian Theology of Religions* の中で、啓蒙主義が現代の欧米における宗教多元主義の歴史的背景であることは認めているものの、諸宗教が同一の究極的なリアリティに対する異なる応答であるというヒック理論の中心的な主張が、ヨーロッパ啓蒙主義時代以前に遡って存在していたものであるということを理由にして、この推定説を否定している。(2) また、私見によれば、宗教に対する理性的なアプローチはけっして宗教多元主義に特有のものとは言えない。たしかに、ヒックの三位一体論解釈には、理性による合理的な扱いが顕著な形で看て取れるのであるが、合理的な扱いだけでは他宗教理解や宗教の多元性という主張は必ずしも生まれてこないのである。

グローバリズムとの関係

第二は、「一つの世界」、「グローバル・ヴィレッジ」などと表現されるような、世界市民的な意識を宗教多元主義の成立要因として捉える説である。

今日、世界に存在する様々な人種・文化・国家・民族に属する人々が、その違いをもってしてもなお最終的には同じであるということ、つまり、この世界の人間はすべて人間性をもつものとして存在するという意識は、現代人にとってほとんど直感的も言えるような根強い確信となりつつある。したがって、自らの存在を絶対化して、他の集団を差別したり、抑圧したりすることは、もはや道義的に受け入れられないであろう。もちろん、これは、現実においてそういう問題がないということを意味しているのではけっしてない。現実ではそういう問題が依然として頻発しているにもかかわらず、私たちは理想として、すべての人間を同じ人間として扱うべきであることを欲しており、それに反するような行為が人間性を欠如した行為として一般に認知されているということである。現代人にとってはもはや一般的通念になりつつあると言ってよいが、この世界市民的な意識が成立したのはそれほど古い時代とは言えない。目に見える形で浸透してきたのは、せいぜい第二次世界大戦以後のことと思われる。

このような意識が浸透してきたことには幾つかの要因が挙げられるが、まず第一に、情報量の飛躍的な増大が挙げられるであろう。それによって、自らが属する人種・文化・国家・民族と異なる存在がはっきりと意識されるようになったのである。もっとも、他者の存在を知ることによって、かえって自らの優越性を主張するような動きもあったが、結局、その主張には無理があり、いかなる人種・文化・国家・民族であれ、それはこの世界を構成し、参画している存在の一部であるということは、もはや否定できない認識なのである。

第二は、第一の要因の一部として含ませることができるが、とりわけ、科学的認識の進展が挙げられるであろう。「進化論」(evolution theory)と呼ばれる生物学上の新知見は、人間存在の位置づけに決定的な影響を与えている。そしてこれは同時に、世界の住む様々な人間が同一の起源をもつということだけではなく、人間と他の動物との間にも明確な線引きができないということも示している。これは、神が自分に似せて人間を作ったとして、人間と他の動物とを峻別しようとするユダヤ・キリスト教的な見方と決定的に対立することは明らかである。

その他にも、ヒューマニズム的な発想の浸透などの要因が挙げられるだろう。そして、これらの要因の複合化によって、現代人には、自らの人種・文化・国家・民族をどのように位置づけるにせよ、それらのカテゴリーよりもさらに上の次元に「地球」や「世界」というものが存在するという認識が刻印されているのである。余談になるが、私たちにとって「世界」とは、言うまでもなく、地球のことを指している。この地球以外にも、人間などのような生命が存在しない以上、自然科学的な捉え方は別として、「世界」＝「地球」であり続けるであろう。しかし、遠い未来において、地球以外にも生命が存在するという情報が得られたり、宇宙科学の進展により、地球以外の様々な惑星にも人間が住み始めたりするようになるならば、地球という惑星が人間の意識の上で相対化される日も来るかもしれないのである。

国際社会を一つの世界として捉えるこのグローバルな意識は、政治・経済・文化など様々な分野で進行している。それに拍車をかけているのが、世界平和、世界の経済構造、環境問題、人口・食料問題などといった問題である。これらの問題はもはや特定の地域だけで解決できるようなものではなく、地球とか世界という規模で考えてゆかなければならない問題へと変容しているのである。

第二の推定説は、宗教多元主義がこのような世界市民的な意識が宗教の分野にまで及んだ結果によって成立したと考えるものである。言うまでもなく、宗教間の対立は、過去から現在に至るまで、各々の宗教を信仰する人々の多くを対立に巻き込むという負の影響力を与えてきた。それは、たとえば、中東問題、北アイルランド問題やアジアの各地で起こる宗教紛争などのように、現在もなお進行している。しかし、宗教は他ならぬ人間が営むものであり、もし、世界市民的な発想が真に世界で受け入れられるならば、様々な宗教もやがてはその現象的違いを超えて、対立ではなく、相互理解へと向かうことができるかもしれない。ガーンディーやマザーテレサ（Mother Teresa 一九一〇―一九九七年）に象徴される博愛的な活動もこのような動機づけをもっているし、ローマ・カトリック教会の主導による、キリスト教の諸派の団結やキリスト教と他宗教の対話を推進するエキュメニカル運動（ecumenical movement）も、世界市民的な意識の流れに沿ったものと言えるであろう。そして、宗教の現象的な違いと各宗教の主張の妥当性を説明するための理論として、諸宗教の最終的な一致を主張するヒックのような宗教多元主義が生まれたという指摘がなされるのである。ヒックはこの推定説をそのまま是認しているわけではないが、世界市民的な意識が宗教多元主義の提唱にとって大きな原動力になっていることは認めているし、(3) ヒックの宗教多元主義が違いを超えた普遍性を指向するという点で、世界市民的な意識に通じるものがあるのは確かであろう。その意味で、この推定説はけっして的外れなものとは言えないのである。

宗教多元主義は宗教版の帝国主義か

第三は、「文化的帝国主義」というかなり過激な言い方がされているように、宗教多元主義の提唱を、宗教の違いを強圧的に消し去って、一つの宗教で世界を覆い尽くそうとする野心的な試みと捉える説である。(4)「帝国主義」云々という言い回しは、帝国主義のもつ極めて否定的なニュアンスのもとに有無を言わさず、すべてを葬りさろうとする、かなり扇動的な要素も含んでいるように感じられる。事実、このような指摘をする論者たちは、宗教多元主義に強い警戒感・嫌悪感を示している場合が多いのである。その意味で、宗教多元主義を承認・否認するかという視点とは一線を画しながら、宗教理解という大きな枠組みで宗教多元主義を評価してゆこうとする本書の立場とは基本的なスタンスを異にすると言わざるをえない。しかしながら、あえてここでこの説を取り上げるのは、「帝国主義」云々はさて措くとしても、ある特定の地域から発する情報、生活様式、思考方法が、世界全体を覆ってしまうという現象、そして、その反動として起こってくる一種の対抗運動的な地域主義、相対主義の強調というのは、現代社会の動向を見てゆく上で、きわめて重要な構図と思われるからである。事実、このような現象は、政治・経済・文化などの様々な分野で至るところに見られる。たとえば、政治的には、かつて米ソの東西対立があり、その両大国の傘下の下に世界は分断されていた。しかし、共産主義という重しが外れたことで、旧共産主義圏には様々な民族主義的な問題が新たにわき起こっている。それは同時に、共産主義圏への対抗という形で結束していた資本主義諸国にも間隙を生じさせることにもなるだろう。宗教多元主義を「帝国主義」云々と批判する人々は、ヒックとその周辺の論者たちが提唱する理論が結局、世界において多様に存在する諸宗教の違いを軽視・均質化し、それを通約するような普遍的な宗教観や救済観を押しつけようとしていることを問題視しているのである。

ところで翻って考えみると、そもそも「宗教」（religion）という概念そのものにも問題があると思われる。たとえば日本人を例にとっても、明治時代以前の日本人が仏教、神道、儒教、道教などの存在を「宗教」として捉えたことはなかった。「宗教」という概念はあるにはあったが、それは「仏教の教え」程度の意味である。この「宗教」という概念は、装いを新たにして、すなわち、まったく別の概念として、ヨーロッパ由来の religion に機械的に対応することになったのである。他にそれを示す概念がないので――つまり、日本人は元来、そのような意味内容を保持する必要がなかったという点、それこそ実は重要な問題なのである――そう呼ぶしかないのだが、はたして、仏教、神道、儒教、道教などを無制約的に「宗教」という概念に当てはめてよいのかは考え直すべき大きな問題である。これに関連して、宗教多元主義者でもあるプロセス神学者カブによる「宗教がある本質を共有しており、また諸宗教の伝統がみな宗教として――つまり「宗教的」であることが中心的な課題であるような伝統として――理解されうるという仮定には、何らアプリオリな根拠が存在しない」[5]という発言は、長年、キリスト教と仏教の宗教間対話に携わってきた人物だけあって、なかなか含蓄の深い表現である。通常、私たちは「宗教」という概念の意味内容はしきりに問題にするのであるが、仏教などの存在を「宗教」と呼ぶことの是非や、そう呼ぶことによって、仏教の捉え方そのものに変化が生じてしまうのではないかということについては、ほとんど注意を払っていない。また、かりに注意を払ったとしても、すでにこの「宗教」という概念を使用しなくては思考が成り立たなくなっているのである。だが、概念は思考を確実に規制する。内面はともかくとしても、日本人の表層意識には確実にヨーロッパ由来の宗教概念が染みついているだろう。しかし、重要なのは語ろうとしてなお語りえない何かなのである。

世界の様々な宗教的伝統を「宗教」として等しく取り扱おうとする理想が、実は欧米由来の意識枠を他者に押しつけることに他ならず、しかも、他宗教の存在を考慮し、それらをその理想へと吸収・同化させようとする分だけ、かえって、主としてキリスト教がかつて行ったような、自宗教だけが正しいと考え、他の宗教を誹謗したり、無視したりしたこと以上に危険な営為であるという指摘は、宗教多元主義というものを考えてゆく上で、十分考慮すべき点となるのではないだろうか。この第三の説は、宗教多元主義の成立要因としてではなく、むしろ宗教多元主義に対する有力な批判の一つとして捉えておくべきものであろう。

二　ヒック自身の証言

これまでに、主として宗教多元主義に批判的な論者たちによる、宗教多元主義の成立要因説について触れてきたが、実は、宗教多元主義の成立要因については、その中心的な提唱者であるヒック自身が説明をしている。つまり、当事者による証言が存在しているのである。本来であれば、提唱者自身がその経緯を説明するのであるから、それ以上に説得力のある言明はないように思われるが、問題はそう簡単ではないと思う。その問題については後述することにして、ここではまずヒック自身の証言に耳を傾けることにしよう。

ヒックは *A Christian Theology of Religions* で、従来挙げられてきた成立要因説を否定した後で、宗教多元主義の成立要因について次のように述べている。(6)

古くからの洞察を、現代におけるグローバルな意識をはずみにして、また、現代における認識論的、および宗教学的研究を道具にして、展開させようと試みているのである。

以下ではこの証言を具体的に検討することにしよう。この証言ではまず「古くからの洞察」という表現が出てくることが注意される。これはこの証言の前で実例として挙げられた人々や文献に見いだされる洞察を指している。具体名が挙げられているのは、ダライ・ラマ十四世、ガーンディーなど、計十二項目に及んでいる。多少冗長になるが、挙げられた順序にしたがってそれぞれを具体的に検討してみたい。

ヒックが挙げる宗教多元主義の事例

まず最初の事例として挙げられるダライ・ラマ十四世は「活仏」と呼ばれるチベット仏教の最高指導者であり、チャイナによるチベット侵略以後、インドに亡命政府を設立して、世界的な規模で精力的に宗教活動を展開している。ヒックはこのダライ・ラマ十四世の「世界の主だった宗教は人間性を豊かにする共通の目標をもつ。教義の違いは時代や環境の違いによる」という発言に注目している。(7)これは必ずしも宗教多元主義的な発想に立っているとは言えないが、世界の諸宗教が人間性を豊かにするという共通の目標をもつと述べている点は、ヒックのように、世界の様々な宗教が共通する目的をもっているとする考え方に一致すると言えるだろう。また、ダライ・ラマの発言で重要な点は、簡潔ではあるが、諸宗教の教義的な違いとその違いが生まれた理由に言及し、「時代や環境の違い」をその理由として挙げていることである。このような考え方が、ヒックによる諸宗教の信仰体系の違いに対する説明に一脈通じるものがある点にはついては、第三章で改めて触れることにしよう。

第二の事例として挙げられるガーンディーは、言うまでもなく、インドの独立に大きな力を発揮した。非暴力（アヒンサー）と、特定の宗教にとらわれない世界宗教的な発想は、ヒンドゥー教徒のみならず、他の宗教徒たちにも、そして、インドのみならず、世界的にも大きな影響を与えた。ヒックが特に取り上げているのは「誰の信仰も完全ではない。どの信仰も熱心な信者にとっては等しく尊いのである。したがって、必要なのは、世界の偉大な諸宗教の信者の間で、生きた友好関係を結ぶことであり、他の信仰に対する優越性を示すためになされる無益な衝突ではない。……ヒンドゥー教徒、イスラーム教徒、キリスト教徒、パールシー教徒、ユダヤ教徒というのは便宜的なラベルでしかない。それをはがせば、どれもこれもない。私たちは皆、同じ神の子らなのである」という発言である。(8) この発言は、各人が信仰している宗教の違いを本質的な問題とはみなさず、それらの宗教的な違いを超えて、あらゆる宗教に普遍的に妥当するような高次の宗教を考えているということになるだろう。さらに、個々の宗教的な信仰も等しく尊いと述べられているが、その言明の理由を、いかなる信仰もこの高次の宗教に連なっているということに求めることができるだろう。ガーンディーのこの発言は、明らかに宗教多元主義の主張と合致する。しかも、宗教多元主義のなかでも、現象としての宗教とは異なる理念的宗教の存在を想定するヒック理論に近接するという見方も成り立つだろう。

第三の事例として挙げられるアショーカ（Aśoka 紀元前三世紀）王は、紀元前三世紀にインドを統一した王で、自らの起こした戦争によって多くの人命を奪ったことを後悔し、熱心な仏教の信仰者・保護者となった。仏教の聖典でもこのアショーカ王をしばしば「転輪聖王《てんりんじょうおう》」の現臨として捉えている。アショーカ王は仏教を信仰するだけでなく、同時に他の諸宗教にも寛容な姿勢をとり、保護したと伝えられている。しかしながら、これらの活動は必ずしも宗教多元主義とは関係しないと思われる。つまり、ある特定の信仰をもつ者が他の宗教に対して寛容でもありえることの事例として捉えられるのである。

第四の事例として挙げられるのは『リグ・ヴェーダ』の記述である。インドには天啓文学（Śruti）、すなわち、人間によって作られたものではなく、偉大な聖者が神秘的霊感によって感得した書とされる四種類のヴェーダ聖典が伝承されている。『リグ・ヴェーダ』はそのうちの第一に挙げられるものであり、その一節に「実在はただ一つだが、賢者はそれを様々に名づける。」（Ⅰ―一六四―四六）という表現がある。『リグ・ヴェーダ』は数百年に及ぶ長い期間において編纂されてきたものであるが、その過程において、『リグ・ヴェーダ』の編纂者たちは、本来の多神教的な宗教観から一神教または一元論的な発想を指向するようになった。この表現はそのようなコンテキストで捉えるべきものであって、『リグ・ヴェーダ』で説かれてきた様々な神々が、実は一つの神に対する異名であるに過ぎないという表明なのである。この発想はやがて最高神または最高原理の探求へと向かい、やがてブラフマンという最高原理を発見するに至る。

第五の事例として挙げられる『バガヴァッド・ギーター』（*Bhagavad-Gītā*）は、キリスト教における聖書の位置にも相当するヒンディー教の代表的な聖典で、人格神の恩寵と信者の信愛（bhakti）を高らかにうたった叙事詩である。その一節にクリシュナの言として、「どのような道を通っても、私は近づく者を同じように認める(9)」というのがある。厳密に言えば、ここでの終着地はクリシュナ、あるいはクリシュナの恩寵であるから、この発言は、宗教の多元性を表しているのではなく、ヒンドゥー教の折衷的な性格を表しているように思われる。したがって、前述の他宗教理解の三類型に当てはめれば、多元主義よりはむしろ包括主義に該当するように思えるが、ヒックは、このことばを宗教多元主義的なヴィジョンから捉え直そうとしている。

第六の事例として挙げられるナーナク（Nānak 一四六九―一五三九年）は、現在もインドで勢力をもつシク教の開祖であり、ヒンドゥー教とイスラームという二つの宗教を背景にしながら、神の尊厳と唯一性、そして、神への絶対的服従を説いた。

第七の事例として挙げられるカビール（Kabīr 一四四〇―一五一八年）も、ナーナクと同様に、ヒンドゥー教とイスラームの融合を提唱したが、ナーナク以上にその度合いが強い。カビールの教説は「ラーム」（Rām）と呼ばれる最高実在に対する信仰を基調としている。ラームは至るところに遍在しており、ヒンドゥー教の信仰するヴィシュヌ神も、イスラームのアッラーも、このラームに名前を付けただけにすぎないとされる。したがって、ヒンドゥー教徒とイスラーム教徒は同じ神を崇拝しているという点で完全に一致するという立場をとっている。カビールは、ヒンドゥー教、イスラーム、シク教のいずれにおいても聖者として崇拝されるという特異な位置を占めている。

第八の事例として挙げられるイブン・アル＝アラービー（Ibn al-Arabi 十三―十四世紀頃）はイスラームの思想家であるが、彼は神が一つの信条に限定されるものではないとして、特定の信条に排他的に従うことの問題点を指摘した。彼によれば、「アッラー」と呼ばれる神は、すべての宗教的な形態と信仰のなかに認められると言う。

第九の事例として挙げられるルーミー（Jalaluddin Rumi）は十三世紀のスーフィー、すなわち、イスラーム神秘主義者で、トルコで勢力をもったメウレヴィー教団の創設者である。また、サナーイー、アッタールとともに、ペルシャ文学を代表する三大神秘主義詩人の一人としても知られ、『マスナヴィー』などの詩集を著した。彼の作った詩には「ランプは異なるが光は同じ」という一節がある。これは、様々な宗教形態において様々な信仰や礼拝などの違いがあるが、究極的に到達されるべきものは一つであることを譬えたもので、ヒックはこのことばを愛好し、しばしば引用している。(10)

第十番目の事例として挙げられるクザーヌス（Nicolaus Cusanus　一四〇一―一四六四年）はキリスト教神秘主義に属する思想家であり、「対立の一致」（coincidentia oppositorum）を説いたことで知られる。「対立の一致」とは、あるものとそれとは別のものが本当の意味で対立関係にあるためには、その両者が共有する一致点がなければならないとする主張である。これは元来、神と人間の関係について言及したものであるが、信仰の多様性についても適用可能である。事実、クザーヌスは「多様な儀礼のなかにただ一つの宗教が存在する」とも述べている。

第十一番目の事例として挙げられるアクバル（Akbar）は十六―十七世紀に在世したインド・ムガール王朝の第三代国王である。彼は、イスラームを国教としながら、他宗教にも寛大であったムガール王朝の折衷的傾向をより一層押し進め、「信仰の家」を建設、あらゆる宗教の代表者たちを集めて対論させ、宗教の折衷・融合的傾向を強めた。やがては、諸宗教の違いを超えた普遍的な宗教「神の宗教」(Dīn-i-Ilāhī)を提唱するに至った。アクバルの在世期に前後して、インドでは宗教の折衷論・融合論を提唱する思想家たちが多く出ており、ヒンドゥー教とイスラームの融合や一致を提唱するラーマーナンダ(Rāmānanda 一四〇〇―一四七〇年頃)、前述のカビール、および、ダーラー・シコー(Dārā Shikoh 一六一五―一六五九年)などがよく知られている。

最後の十二番目の事例として挙げられるウィリアム・ペン(William Penn 一六四四―一七一九年)はイギリスに生まれ、国教会からクウェーカー教に改心して、アメリカの領地に渡り、ペンシルバニア建国の父と仰がれている。彼はペンシルバニアを信仰の自由な国とする実験を試み、政治と法律の改革に取り組んだ。ヒックはこのペンの著作*Some Fruits of Solitude*から「謙虚で、柔和で、慈愛深く、公正で、敬虔で、信仰深い魂の持ち主は、どこの土地であれ、一つの宗教に属している。そして死が彼の仮面を取り去るとき、互いに知ることになるだろう。多様な装いが互いを見知らぬ人にしているだけなのだ」という記述を引用している。

宗教多元主義は東洋由来のヴィジョン

以上のように、ヒックが例として挙げる宗教多元主義的なヴィジョンの先駆的形態について簡単に解説を加えてきた。ここで大きな特色として指摘しておかなければならないことは、宗教多元主義的なヴィジョンが主としてインドを中心とした東洋古来のヴィジョンに基づくと捉えられている点である。宗教多元主義的なヴィジョンが、西洋にではなく、東洋に由来するものであることがヒック自身によって明言されている点に特に注意を促しておこう。

そして、ヒックはこの東洋由来のヴィジョンを、(一) 現代におけるグローバルな意識、(二) 現代における認識論的、および宗教学的研究に基づきながら展開させようと試みると述べて、自らの理論提唱を位置づけている。(一) の「現代におけるグローバルな意識」というのは、先ほど述べた、宗教多元主義への論評者による第二の成立要因説に該当するであろう。つまり、ヒックは、宗教多元主義の提唱にとって、「一つの世界」、「グローバル・ヴィレッジ」のような世界市民的な意識が追い風となっていることは認めている。しかし、それはあくまでも、外的条件にすぎないのであって、直接の成立要因ではない。宗教多元主義的な発想はすでに東洋において成立していたというのがヒックの見解である。そして、(二) の「現代における認識論的、宗教学的研究」というのが付け加えられている。「認識論的（研究）」という表現だけでは何を指しているかはっきりとは分からないが、これは具体的には、ヒックが自らの理論の根拠として援用するカントの認識論や認識に関するウィトゲンシュタインの記述などを指しているのだろう。また、「宗教学的研究」とは、世界の様々な宗教に関して蓄積された宗教現象学的な研究成果を指していると思われる。

このように、ヒックの発言に従うならば、結局、宗教多元主義的な発想はすでに存在していたのであり、しかも、それはヨーロッパではなく、主として東洋において育まれた発想であるということになる。ヒックは宗教多元主義の提唱を、この東洋由来の発想を現代的な視点から新たに展開し直したものとして捉えているのである。

三　ヒック証言の問題点

宗教多元主義の中心的な提唱者による直接の証言だけに、もちろんヒックの発言は十分尊重しなければならない。しかしそれでもなお、私は三つの問題点を挙げて、この証言に異議を唱えたいと思う。

ヒック証言の問題点①

まず第一に、ヒックは宗教多元主義的なヴィジョンが東洋古来のものであると主張し、これまで紹介してきたように、何人かの思想家や文献を挙げている。しかし、詳細に検討すると、それらの主張にもかなりの幅があると思われる。たとえば、アショーカ王の場合、各宗教を手厚く保護しただけであって、それだけの理由で彼を宗教多元主義のカテゴリーに取り込むことはできないだろう。彼は、仏教の熱心な信仰者であって、仏教と他の宗教がまったく同等の価値をもつと考えていたかは明確ではない。さらに、『バガヴァッド・ギーター』の場合にしても、ヒックが言及するような記述があるのだが、それはコンテキストを軽視した引用のように思われる。『バガヴァッド・ギーター』のこの記述は、結局、どのような道を辿ったとしても、最終的な目標は同じということであるが、その最終的な目標とはクリシュナ、あるいは、クリシュナによる救済であるという点である。

たしかにインドには多種多様な宗教があり、相異なる宗教という道を通じて共通の目的地へと至りうるという発想が多く見いだされる。それはある程度までは妥当であり、インドの宗教的風土の多様性を示す一般的認識にも合致するのであるが、これには重要な問題がある。それはその多種多様な宗教の道の目的地が何であるのか、ということである。インドの多様性はけっしてすべてのものがそのまま併存しているような状態——つまり、単純な多元主義——を意味しているのではけっしてない。たとえば、ガーンジーについても、前述のような発言がある一方で、「私の宗教はヒンドゥーである」とも述べている。厳密に言えば、インド宗教は、個々の宗教がまったく個別に存在するというような純粋な多元主義ではなく、多様性の中にある一つ普遍性を目指している。それがガーンディーにとっては「ヒンドゥー」であり、たとえば、ラーダークリシュナン（Sarvepalli Radakrishnan　一八八八—一九七七年）にとっては「絶対者ブラフマン」なのである。したがって、その意味において、数ある宗教多元主義の中でも、ヒックのそれとの親近性を思わせるだろう。しかしながら、両者には決定的な違いが存在する。というのも、ヒックの場合、現実世界にある宗教的現象を超越し、さらに、ヒック理論によれば、宗教的認識は歴史と文化という環境に依拠しているので、人間のあらゆる営みであるその環境をも超越した実在をその背後に想定するのに対して、インド宗教の場合、最終的基盤をヒンドゥー教という民族宗教に置いているからである。したがって、厳密に言うならば、インドの宗教的風土は、多元主義よりはむしろ、ヒンドゥー教を中心とした包括主義として捉えた方が実状にあっているのではないだろうか。

ヒックは宗教多元主義的なヴィジョンが東洋的なものであると述べているが、そもそも、東洋の何に基づいているのかが明確でないし、そもそも「東洋的」という言い方そのものが、きわめて曖昧なように思われる。そして、ヒックの挙げる諸実例を検討するかぎり、「東洋的」と呼ばれるものが、主としてインドの思想を指していることが伺われるが、それらの実例が必ずしもヒックの提唱しているようなタイプの宗教多元主義を説いているわけではない。世界普遍的な宗教の構築を目指したアクバルのような極端な例はともかくとして、インドの思想家たちの主張を「多元的」と規定することにはもっと慎重にならざるをえないように思われる。

ヒック証言の問題点②

第二に、かりにヒックの言うように、宗教多元主義的なヴィジョンが東洋（の誰か）にあったとしても、ヒックが挙げる一連の東洋世界に属する思想家や文献の存在が、はたして厳密な意味で成立要因と言えるのかが疑問に思われる。ヒックはしばしば、宗教多元主義の基本理念を言い表すものとして、イスラームの神秘主義者ルーミーの「ランプは異なるが、光は同じ」という発言を引き合いに出しているが、私見によれば、ヒックが自らの宗教多元主義を提唱するまでの理論構築のなかで、このイスラーム神秘主義者の思想が直接関与している形跡はないように思われる。むしろ、ヒック自らの内的な必然性によって提唱されるに至った宗教多元主義の主張と一致する言明がルーミーにも偶然見いだされたというだけのことではないだろうか。他にも多くの東洋の思想家や文献が列挙されてはいるが、同様の扱いにすぎない。極論すれば、ヒックの実例は、時代、地域などといった相互の関連性をほとんど考慮しない無造作な列挙にすぎない。私は、宗教多元主義がアショーカ王（インド、紀元前三世紀）やウィリアム・ペン（アメリカ、十七―十八世紀）という、地域や時代に何の脈絡もない無関係な人物たちによって創始されたなどという主張をそのまま受け入れるわけにはゆかないだろう。一般に私たちは、このように取り扱われている事例を成立要因とは見なさないだろう。自らの発想に近いものが過去にもあったということと、過去の発想を自らが継承・展開することとは、同じことを意味しない。ここで問われているのは、この自らの発想の生い立ちなのである。

ヒックの研究の歩みを見ると、正統的キリスト教神学の研究からスタートして、その同一直線上で「神の受肉」という教義の見直しと、三位一体論・キリスト論に対する再解釈という問題に取り組み、それらを基盤にして宗教多元主義の提唱に至っている。客観的に見れば、ヒックによる宗教多元主義への道はある意味で自らの内部の課題として自然な流れで展開しているのであって、インドを中心とする東洋思想というまったく別の要素が加わったからとは到底思われないのである。

ヒック証言の問題点③

第三は、ヒックだけが宗教多元主義を提唱しているわけではないという点である。ヒックの影響下に宗教多元主義の提唱に同調し始めた論者たちもいるが、他方、ヒックとはまったく別の視点から宗教多元主義を提唱している論者もいる。たとえば、本書の第四章で扱うカブやパニカーなどである。ヒックは、宗教多元主義的なヴィジョンが東洋に由来するとして、幾つかの事例を挙げているのであるが、後者のような論者たちにはたしてそれが妥当するのか、つまり、それらを宗教多元主義の成立要因と認めるのだろうか、それはあまり期待できないであろう。宗教多元主義という性格上、キリスト教以外の宗教との関係に重点を置く論者が多いのであるが、筆者の知るかぎり、宗教多元主義が東洋的なヴィジョンであると主張している宗教多元主義者はヒックだけではないかと思われる。

かりにヒックの宗教多元主義が東洋的なヴィジョンから生み出されたことを認めるにしても、東洋的なものに言及しないこれらの論者の主張までも、そのように考えることは無理であろう。

以上のように、多くの論者によって挙げられる様々な推定説も、宗教多元主義の中心的な提唱者であるヒック自身の言明も、私見によるかぎり、宗教多元主義という思潮の成立を的確に説明しているようには思われないのである。そこで以下においては、試みとして、宗教多元主義の成立を促したと考えられる二つの重要な要因を挙げ、その妥当性を検討することにしよう。

四　宗教多元主義の成立要因①――キリスト教の変化

ヒックはことさらに宗教多元主義が欧米由来のヴィジョンでないことを強調しているように思われるが、実際のところ、キリスト教神学者が他宗教の存在に目を向け、キリスト教とそれらの宗教をどう関係づけるかを問題として意識するようになったのは、東洋のヴィジョンによるものではなく、キリスト教そのものの内発的な変化によるものと思われる。つまり、端的に言えば、宗教多元主義はエキュメニカル運動（世界教会運動）の推進を頂点とするキリスト教における一連の変革運動の一様相として捉えられるのではないだろうか。それを裏づけるために、以下では、キリスト教における一連の変革運動について検討することにしよう。

自由主義神学の抬頭

十九世紀頃のドイツをピークとして、キリスト教神学と当時の思想界の主流にあったヘーゲル哲学、さらに歴史学的研究方法とが結びついて、「自由主義神学」（Liberalism）と呼ばれる変革運動が起こった。これは、従来の正統的なキリスト教神学に対抗して、理性的認識を尊重した自由な発想から、キリスト教の教義を合理的に捉えようとする試みである。その代表的な人物として、『新約聖書』の合理的な解釈を目指して、神話的部分の削除を提唱したシュトラウス（David Friedrich Strauss 一八〇八―一八七四年）と、ヘーゲル左派に属し、イエスの実在性を否定したバウアー（Bruno Bauer 一八〇九―一八八二年）の二人がまず挙げられる。一般にこの自由主義神学はその後の動向と絡めて、「旧自由主義」と「新自由主義」に区別され、シュトラウスやバウアーは旧自由主義に配当されている。両者の違いはあくまでも程度の差の問題と言えるが、新自由主義は、旧自由主義の合理的な発想を継承しながら、さらに一歩進めて、キリスト教の絶対性を否定するまでに至っている点が特色である。

その代表的な論者リッチュル（Albrecht Ritschl 一八二二―一八八九年）は、三位一体論、キリスト論を非合理なものとして斥けた。彼によれば、三位一体論やキリスト論は単なる思弁であって、教会が創始者に捧げる認容と価値判定の表現にすぎないと否定し、キリスト教のもっていた神秘性を極力排除しようと努めた。リッチュルの活動は、本書で問題にしているような他宗教理解の問題とは直接には関わらないが、キリスト教の中心的な教義であると同時に、神の子イエスを戴く宗教として、キリスト教を他の宗教とは一線を画する絶対的な存在と位置づける究極の根拠にほかならない三位一体論、キリスト論を公然と否定したことは、リッチュル本人の意図は別にしても、宗教多元主義への可能性を開くものとして特筆すべきである。

それに対して、他宗教との比較を通じて、キリスト教の絶対性を否定したのが第一章でも触れたトレルチである。もっとも、トレルチは、キリスト教の絶対性を否定することを意図して、このような試みをしたわけではない。むしろ逆に、他宗教との比較を通じて、キリスト教の絶対性を客観的に証明しようとしたのである。しかし結果的には、キリスト教を客観的に見た場合、他の宗教に優越するような絶対性が本来的に備わっているわけではないことを認めざるをえなかった。トレルチによれば、キリスト教は、イエス・キリストを対象とする信仰共同体にすぎず、世界で唯一「神の子」を戴くような宗教ではない。トレルチは、客観的な現象としてのキリスト教の絶対性を事実上否定してしまったのである。しかし、これに関しては重要な問題が残されている。すなわち、客観的な意味におけるキリスト教の絶対性主張を否定したトレルチであるが、彼は「個人の確信」としてキリスト教は絶対的であるとも述べており、キリスト教の絶対性を完全に放棄したわけではないという点である。もちろんこのことは、厳密な意味では、絶対性を証明するものではなく、逆に、絶対性を放棄することを意味するであろう。キリスト教の絶対性を客観的に否定しておきながら、主観的には肯定しようとするトレルチの対応は表面的には曖昧と受け取られかねないものであるが、そこにこそ、現象としての宗教理解と信仰対象としての宗教理解の深い溝が横たわっているように思われる。前述のように、客観的には絶対的とは言えないとしても、やはり「絶対的」と言わざるえないことがあるのである。

それはさておき、自由主義神学の抬頭により、キリスト教神学は結果的に、キリスト教が他の宗教と異なる絶対的な存在であるという主張を放棄するという発想をもつに至ったのである。しかし、それは主としてキリスト教神学者の理性的認識に基づいた提唱にすぎず、それがすぐにキリスト教徒の意識を変えたり、従来の保守的な神学者の認識を改めさせるというものではなかったであろう。またその傾向も、哲学的営為の活発であったドイツを中心とするプロテスタント神学の試みであった。したがって、この自由主義神学の抬頭は、宗教多元主義成立の直接的な原因とは言えず、あくまでもその提唱の遠因というレヴェルにとどまるであろう。

キリスト教会の変化――第二ヴァチカン公会議とエキュメニカル運動

少なくとも、中世から近代までのキリスト教にとって、他の宗教とは顧慮に値しない克服すべき存在であった。ある地域にいかなる宗教が根づいているにせよ、それを駆逐し、キリスト教がそれに取って代わることこそがキリスト教宣教の目的であった。現在から見ればひどく傲慢なように見えるが、キリスト教のもつ強固な普遍性と絶対性の主張はそれを可能にさせる幻想をいだかせたのである。ところが、宣教活動のこのような目的が第一次大戦を挾む一九一〇年から三〇年代の間に大きく揺らぎ始めたのである。その理由は複合的なものであったと思われる。すなわち、キリスト教宣教師たちがアジア諸地域における宗教に積極的な意義を認め始めたということと、キリスト教にとって脅威なのは他の宗教ではなく、宗教の意義や神の存在をまるごと否定するような世俗主義――特にマルクス主義や人道主義に基づく無神論――であるという認識が高まり、他宗教と対立するよりも、協調してこの問題に対処しようとする風潮が出てきたことが挙げられる。この頃から、世界宣教協議会などの宣教に関する各種の会議は、他宗教との対話という問題に積極的に取り組むようになる。

それに拍車をかけたのが、法王ヨハネ二十三世による第二ヴァチカン公会議（一九六二―一九六五年）の開催である。この法王は在位こそ約五年弱と短かったのであるが、ある意味で、ローマ・カトリック教会のその後の方向性に決定的な影響を与えた。この会議以降、ローマ・カトリック教会は、キリスト教内の諸派との連帯と他宗教との協調への路線をたどることになる。これがエキュメニカル運動の幕開けである。

エキュメニカル運動推進の宣言により、キリスト教会において他宗教をどのように理解し、位置づけるかという問題は、重要な課題として認識されるようになったと言ってよいであろう。そして、それと前後する形でキリスト教神学者たちの間でも新たな変革運動が展開された。とりわけ顕著な活躍を示したのは、クレーマー（Hendrik Kraemer 一八八八―一九六五年）、ラーナー、および、キュンク（Hans Küng）である。

変革的なキリスト教神学者たち

クレーマーの場合、キリスト教の絶対性を保持するという基本的な主張は最後まで変わらなかったが、他宗教をどう捉えるかという立場は大きく変化していった。つまり、キリスト教を絶対視して他の宗教を否定する立場から、やがては他の宗教が生み出した成果を評価してゆくという立場へと変わっていったのである。変化後のクレーマーの立場は「リベラルな排他主義」(liberal exclusivism)——形容矛盾のように思われるが——と呼ばれることがある。

ラーナーは現代カトリック神学を代表する著名な神学者であり、その主張はカトリック教会の方針にも大きな影響力を与えていた。他宗教に対するラーナーの捉え方は前出の「匿名のキリスト教徒」という表現に表れている。クレーマーの場合、他宗教を積極的に評価していたにもかかわらず、結局、キリスト教の啓示と他宗教とは断絶したままであった。彼の立場が「排他主義」と指摘される所以である。ところが、ラーナーの場合、クレーマー以上に他宗教へと歩み寄っており、ラーナーは結局この「匿名のキリスト教徒」という概念によって、他宗教における救済の意義を事実上認めたと言えるのである。問題はキリスト教の啓示と他宗教の具体的な関係であるが、ラーナーの場合、キリスト教が出現するやいなや、他宗教は原理的にキリスト教に取って代わられる。つまり、他宗教はキリスト教の代替としてのみ存在しているのであって、たとえ、それらの宗教の信仰者たちがキリスト教や「イエス・キリスト」という名前さえ知らなかったとしても、イエス・キリストに基づくものであると主張するのである。その意味で、非キリスト教徒も「匿名のキリスト教徒」なのである。この表現は、キリスト教以外の宗教の信仰者にとってはけっして快い響きをもつとは言えないし、ヒックが指摘するように、傲慢な物言いとして、今日では批判にさらされる可能性をもっているだろう。しかしながら、キリスト教の絶対性を保持しつつも、他宗教の存在意義をぎりぎりまで認めようとする試みが、ついにカトリック神学のこの碩学によっても重要な問題として取り上げられた点は、その影響面から言っても、十分注目されるのである。

そして、キュンクはラーナー以上に他宗教理解への歩み寄りを見せている。ラーナーの場合、キリスト教以外の宗教にも救済の道があることを認めていたものの、それらがキリスト教を離れて独立に存在することは認めなかった。これに対して、キュンクは、キリスト教以外の宗教における救済の独立性を認める。他の宗教はキリスト教が到来するまでの暫定的な存在などではけっしてなく、キリスト教とまったく同等に、各々の宗教が救済の道を開いていると主張する。この場合、キリスト教の使命は救済史という大きな歴史の流れにおいて、他の宗教に取って代わることではなく、他の宗教が救済史において適正な形で進むように手助けするものと位置づけられるのである。

今は、特に著名な三人の論者について触れたが、自由主義神学のように、哲学や歴史学などと連動して大きく変化を遂げてきた神学を別にして、キリスト教の正統的な神学者のなかでも他の宗教の存在意義を何らかの形で認めようとする試みが出てきたのである。その背景には、従来、保守的かつ排他的とみなされていたキリスト教神学者においても、キリスト教とは異なる宗教の存在を真剣に考えなければならなかったという状況認識があったのである。

問題は正統的な神学から出てきたこのような他宗教に対する積極的な理解の姿勢と宗教多元主義の成立とを具体的にどう関係づけるのかという点にあるが、すでにキュンクのような主張の段階で事実上、宗教多元主義的な発想に立ち至っているように思われる。キリスト教から独立した形で、それ以外の宗教が独自の救済の道への可能性を開いており、しかも、それがキリスト教においても妥当なものと受け入れられるとするならば、それはもはや宗教多元主義と呼ぶ以外の何ものでもないだろうからである。

包括主義と多元主義

ところでこれに関連して、ヒックは、包括主義というものが実は曖昧な考え方であり、それを徹底させると、最終的には多元主義に行き着くという注目すべき指摘をしている(11)。包括主義はどのようにして多元主義に変貌するのか。以下ではこの問題について取り上げてみよう。

第一章で触れたように、包括主義は次のような二つのタイプに大別される。すなわち、(一)非キリスト教徒も死後には神によって救済されるというもの、(二)救済を広く捉えて、キリスト教における救済と同様の事態が他の諸宗教でもありうることを認めるが、それらの救済は秘かに働くキリストの業《わざ》によるものと考える——つまり、前述の「匿名のキリスト教徒」というラーナーの考え方——というものの二つである。しかしながら、(一)のタイプは、結局、生前にキリスト教の洗礼を受ける必要がないという妥協的解釈を派生させることになるだろうが、それは、ヒックの指摘するように、アウグスティヌス(Augustinus 三五四—四三〇年)やフィレンツェ公会議(一四三八—一四四五年)、カルヴァン（Jean Calvin　一五〇九―一五六四年）などによって自明のことと確認されてきた解釈と齟齬を来すことになる。ヒックはこのような妥協的解釈を第一章で触れたように「周転円」と呼び、末期的な教義にありがちな辻褄合わせと一蹴している。また、(二)のタイプについては、復活したキリストよりも五百年以上前に在世したブッダや千年以上前に興起したユダヤ教やバラモン教がキリストの影響化にあるということが可能なのかという歴史上のアポリアに突き当たる。そして、その妥当性を保持するためには、キリストを歴史的イエスやその十字架における死から切り離して、非歴史的キリスト像に至らなければならないだろう。つまり、それはロゴスとしてのキリスト解釈である。しかし、特定の時間的・空間的制約を離れたロゴスとしてのキリストは、ヒック自身が宗教多元主義の根拠として措定する「実在」の観念と本質的にどこが違うのであろうか、とヒックは問いかける。(12) そして結局、(二)のような立場は多元主義に行き着くしかないとヒックは結論づけるのである。

以上のように、宗教多元主義の成立要因の一つとして、キリスト教会および神学において展開してきた他宗教に対する理解の変化を挙げてみた。そこには、あともう一歩で多元主義に移行しつつあるものやすでに多元主義と捉えてよいようなものまで含まれている。そのような動きの中でも、よりラディカルな人々が従来の立場とは一線を画して明確に宗教多元主義を提唱するに至ったという可能性は十分に考えられるであろう。

五　宗教多元主義の成立要因②
――グローバリゼーションによる他宗教との接触

しかしながら、いま挙げた成立要因だけではまだ完全なものとは言えないように思われる。もちろん、ヒックのように、結局、包括主義は最終的には多元主義へと移行せざるを得ないという説明も可能ではあるけれども、それだけでは、多元主義――すなわち、自分が究極的なものと信じるものがまさしく他の宗教にあることを認める――という事態に至らないのではないだろうかという疑問も残存している。多元主義への移行は、自らが最も大事にするものを他者に開放する点で多大な勇気が必要なことであろう。そして、その内実がまだはっきり説明できていないように思われるのである。

ところで、かなり素朴な言い方になるが、通常、私たちは自分と異質な他者に接しないかぎり、他者を理解しようとはしない。そのことは同時に、自らを改めて理解する契機も得られないことを意味するだろう。たとえば、私たちが日本人であることを痛感するのは、主として、外国に滞在している場合や外国人と接している場合においてである。私たちは他者と接することによって、自らが当然のものとして受け入れている生活習慣、思考方法、感受性など、自らの背景にあるすべてのものが、相対的なもの、つまり、ありうる可能性の一つにすぎないことを実感するのである。

このような実感は他者に関する情報の入手によってもある程度は起こりうるであろう。そして、そういった情報の集積が今日のグローバルな意識と呼ばれるものを形づくっている。たとえば、外国に行ったこともない、外国人に接したこともないような日本人であっても、日本以外にも様々な国があり、そこには様々な文化的慣習をもつ人々が住んでいることは知っているだろう。その認識は、世界には様々な人間が住んでいて、日本人はそのなかの一つに含まれるという知識と、そのような知識を前提にした類比的な操作によってお互いの違いを理解していく考察によって形成されるであろう。

このグローバルな意識は現代人によって抜きがたいものとなっている。いかなる人種・民族・文化であれ、自らの存在だけを正しいとし、それ以外の存在を誤りとして否定するような考えは現代社会においてはますます受け入れられにくくなっている。たしかに、そのような考えは存在しており、状況に応じては、一部の支持を得られるであろうが、けっして世界的なレヴェルでの賛同は得られないし、もはや世界を動かす原動力にはならないということである。このような意識が宗教に対する見方にも影響を与えるであろうことは第二章の第一節ですでに触れた。

しかし、はたしてグローバルな意識だけで宗教多元主義が成立しうるのだろうか。私にはそうは思えない。自らが信仰する宗教と同等の価値をもつ他の宗教が存在しうるということ、あるいは、自らが信仰する宗教に対して示す価値意識と同程度の価値意識が他の人々と他の宗教の間にありうると考えること、それは単にグローバルな意識だけによるのではなく、もっと強力な何かに基づくのではないだろうか。ある宗教を絶対的と信じる者が他の宗教にもそれと同等なものを見いだすとするならば、それは、自らがそれを直接体験するということ以外にありえないだろう。つまり、私は、宗教多元主義成立のもう一つの要因として、自らが信じる宗教とは異なる他の宗教との具体的で、しかも深い接触を挙げたいと思うのである。

実際、宗教多元主義者として知られる人々にはそのような深い接触の経験をもっている場合が多いと言える。たとえば、ヒックはかつてバーミンガムという、イギリスの中でも特に諸民族の混住率の高い地域で過ごし、しかも、その時期には他宗教を支援する団体で指導的な役割を果たしていた。ヒック自身が回想しているように、その活動の一環で接した他の宗教を信仰する人々がキリスト教徒と同様に敬虔であることを深く実感したと述べている。(13) また、カブは長年に渡って、キリスト教と仏教の対話を推進する当事者として活躍し、その結果として、対話による相互理解など幻想にすぎず、お互いの異質性を徹底的に認めるという形で宗教の関係を捉え直そうとしている。さらに、パニカーはスペインとインドという異質な文化の接触という生い立ちに立脚しながら、各々を代表するキリスト教とヒンドゥー教——さらには仏教も——という二つの宗教に深く通じ、その結果として、徹頭徹尾、キリスト教はキリスト教そのものであり、ヒンドゥー教はヒンドゥー教そのものであり続けるという信念を固めるに至っている。

いずれの宗教多元主義者たちも、自らが基盤とする宗教だけではなく、それとは異なる他の宗教にも深い理解を示している。その理解は、他の宗教が自らの信じる宗教と一致するという考えへと導くか、それとも、まったく異質であるという考えへと導くかは必ずしも一様ではないが、この深いレヴェルでの他宗教理解こそ宗教多元主義を生み出す源泉ではないかと言えるのである。

以上のように、本章では、宗教多元主義の成立要因について、これまでに挙げられている推定説や宗教多元主義提唱の当事者であるヒックの証言を紹介し、同時に批判的な考察もおこなってきた。それらの考察結果を承けて、筆者自身の考えとして、（一）キリスト教の変化、（二）グローバリゼーションによる他宗教との接触という二点こそが宗教多元主義を成立させた要因であるという結論に達したのである。

第三章　通約的宗教多元主義——ヒックの理論を中心として

第三章では通約的宗教多元主義を扱うことにする。第一章でも触れたように、通約的宗教多元主義とは、世界に存在する諸宗教に共通点を見いだし、その共通点に重点を置きながら、諸宗教を捉え直すタイプの宗教多元主義を指している。この名称は本書で暫定的に想定したものである。このタイプの宗教多元主義は、いわば現象としての諸宗教とそれらの現象に通底する本質という二元的、正確には二重構造的な発想を前提にしている。これは多様性のなかに同一性を見いだそうとする点で、一見、一元的な考え方のように思われる。たしかに、そのような傾向は否定できない点があるが、このタイプの宗教多元主義では、世界の諸宗教の本質が一致する、あるいは、世界の諸宗教がある共通の実在に対応しているという前提から、諸宗教の多元性、つまり、諸宗教が主張する多数の真理の妥当性が同時に成り立ちうると説明する。その意味で、一元的な傾向が強く、単純な多元主義とは異なるけれども、広い意味で多元主義の立場に属すると考えることが可能なのである。

このタイプの宗教多元主義を提唱している代表的な論者としてヒック、スミス、ニッターなどを挙げることができるであろう。その中でも特にヒックの理論がよく知られている。本書では、このヒックの理論を中心にして通約的宗教多元主義の特色を検討することにしたいと思う。

一　ヒックについて

ヒックについてはこれまでにも言及をしてきたが、本章では、宗教多元主義の有力なモデルの一つとして、ヒックの宗教多元主義を真正面から扱うことにしたい。そのためにまず、ヒックという人物について改めて素描しておきたいと思う。

イギリス・スカボロー生まれのヒックは、エディンバラ、オックスフォード、ケンブリッジなどの大学に学び、ケンブリッジ大学では学位を取得している。数年間の教会牧師の経験を経て、キリスト教神学、宗教哲学、哲学を担当する大学教員として、コーネル、プリンストン、ケンブリッジ、バーミンガムなどの各大学で教壇に立ち、また、一九八〇年以降はクレアモント大学院教授として二十年近くアメリカで勤務した。その後はイギリスのバーミンガム大学に戻った。宗教多元主義に関する一連の研究が認められ、「神学・宗教学のノーベル賞」とも称されるギフォード講義を一九八六―一九八七年に担当しており、名実ともに宗教多元主義のもっとも有力な提唱者として知られている。

このようにヒックはキリスト教神学・宗教哲学の研究者として活動を続けてきたのであるが、その一方で、キリスト教以外の他宗教への支援という宗教的な実践活動をしていた点も注目される。これは主として、ヒックがバーミンガム大学在職中に取り組んだものである。バーミンガム市はイギリス国内でも、移民の流入率が高く、多種多様な人種が混在した地域として知られている。ヒックはこのバーミンガムで、キリスト教以外の宗教を信仰する人々に直接接触し、それらの人々に加えられてきた不当な差別・迫害を告発して、その支援活動に乗り出した。たとえば、バーミンガム市宗教教育指導要綱改訂会議委員長のようなバーミンガム市の公職についたり、AFFOR（All Faiths for One Race）という他宗教支援団体の代表にも就任している。ヒックが、そのような接触を通じて、他宗教を信仰する者たちにも、キリスト教徒と同様の敬虔さと美徳がある点を身をもって体験していったことは想像に難くない。このような体験がやがては、どの宗教も最終的にはその目的が一つに収斂されていくような共通点をもっているという宗教多元主義的な発想へと至ったと思われる。ヒックはこの時代のことを回想して、「『諸宗教の神学』に取り組むことは、一神学者としての、私の天職の一つとなった」と述べている(1)。

二　三位一体論・キリスト論に対する新解釈

ヒックの宗教多元主義を検討する前提として言及しておかなければならない問題がある。それは三位一体論とキリスト論を現代の視点からどう捉えるかという問題である。第一章で触れたように、三位一体論、そして、それに付随するキリスト論は、キリスト教が他の宗教とは異なった絶対的存在なのであるという発想の究極的根拠として位置づけられてきた。このような発想が有効であるかぎり、少なくともヒックが目指すような、諸宗教という現象の背後に宗教的な同一性を認めてゆこうとする試みは望むべくもない。したがって、ヒックは三位一体論・キリスト論を自らの宗教多元主義と合致する形で捉え直す必要があったと考えられるのである。

本節では、導入的な意味合いを込めて、まず三位一体論とキリスト論がどういうものであるのか、その歴史的な経緯をたどり、ついで、ヒックがキリスト教におけるこの二つの根本的な教義を現代の視点からどのように捉え直そうとしているのかをトレースすることにしたい。

三位一体論とキリスト論

周知のように、三位一体論は、キリスト教の中心的な教義の一つであり、カトリック、プロテスタント、東方正教の違いを問わず、キリスト教全体で承認されてきた。「三位一体」という用語自体は、「精神と物質」、あるいは、「霊と肉」というグノーシス的な二元論的神認識への批判を意図して、テルトゥリアーヌス（Tertullianus　一五〇／一六〇―二二〇年以降）が初めて使用したものと言われるが、三位を同格的に併記する表現は『新約聖書』にも見いだされる。(2)

言うまでもなく、三位一体論は「父」である神、「子」であるイエス、そして、「聖霊」という三者の同一性を説くものである。ところが実際のところ、三者、つまり、相互に異なった存在が同時に、同一であるということを整合的に説明するにはかなりの困難を伴う。この用語の成立経緯からも伺われるように、そもそも三位一体的な表明は、宗教的な体験に基づく神認識の表明であったにちがいないだろう。しかし、およそ宗教思想全般に言えることであるが、何らかの宗教的な体験に基づく思想の表明も、ひとたび提示されるやいなや、整合的な解釈によって定式化されるのが常である。三位一体論の場合も、その教義が確定するに至るまでに、たとえばアリウス論争のように、その定式化をめぐって様々な論争が展開された。それは「三位一体」という神認識の表明をギリシャ的な思惟によっていかに整合的に定位するかという努力の足跡であると言ってよい。結果的には、三八一年にコンスタンティノポリスで開催された公会議で採択された「作られていない、同質である、共に永遠である三位一体」という同質説（homoousis）に基づいた三位一体論が確立された。これは、いわゆる、カパドキアの三教父――大バシレイオス（Basileios　三三〇―三七九年頃）、ニュッサのグレゴリオス

(Gregorios　三三〇—三七九年頃)、ナジアンゾスのグレゴリオス(Gregorios　三二九—三九〇年頃)——が主張した、ウーシア(ousia　本質)とヒュポスタシス(hypostasis　個体・実在)を区別し、三つのヒュポスタシスが一つのウーシアを共有することが理論的に矛盾しないという説を取り入れたものである。

さらに、三位一体論の教義の確立に伴い、キリストにおける神性と人性の問題——つまり、キリストにおいて、神であること(神性)と人間であること(人性)がどのように両立しえるのか——をテーマとする、いわゆる「キリスト論」も神学上の問題として意識されるようになった。キリストには人間の魂の替わりにロゴスが入っていると主張したアポリナリオス(Apolinarios　三一五—三九〇年頃)やキリストにおける神性と人性の並存を主張するネストリオス(Nestorios　三八一—四五一年頃)、キリストの神性のみを強調する単性論者キュリロス(Kyrillos　?—四四四年)などが現われ、議論は紛糾したが、最終的には、四三一年のエフォソス公会議や四五一年のカルケドン公会議によって、キリストのペルソナが一つであること、しかも、神性と人性を共に完全に具備し、両者が混同されないことが確認された。

それ以降、千年以上にもわたって、三位一体論とキリスト論は正統的な教義としての地位を占めてきたわけであるが、近代以降、特にプロテスタント神学において、それらの基盤を根本から揺るがすような動きも存在している。たとえば、第二章で言及した自由主義神学がそれである。自由主義神学では、イエスは、神の子であるイエス・キリストとしてではなく、「ナザレのイエス」として位置づけられる。そして、問題の焦点は「ナザレのイエス」、つまり、一人のユダヤ人にすぎないイエスがなぜ神の子として信仰されるのかという点へと移行している。

この傾向は、「新自由主義神学」と称される思潮によってさらに加速された。価値判断の神学を提唱したリッチュル、(3)比較宗教学的な観点に立つトレルチなどが現われ、事実上、キリスト教の絶対性を脅かすまでに至っている。

プロテスタント神学では、三位一体論やキリスト論は従来に比べて相対的に軽視される傾向にある。たとえば、「プロテスタント神学の父」と呼ばれるシュライアーマッハーも事実上、キリスト教神学の中心テーマから除外しているし、現代キリスト教神学を代表するバルトやティリッヒ（Paul Tillich 一八八六―一九六五年）も、従来とは異なった視点から三位一体論に言及している点が注目される。近現代のキリスト教神学における三位一体論・キリスト論の位置づけを概括的に言い表わすことは容易でないが、少なくとも、従来のようなギリシャ哲学的な捉え方でそのまま三位一体論・キリスト論を受容するということはできにくくなっていると言えるだろう。

『神の受肉神話』の出版

では、三位一体論・キリスト論に対してヒックはどういう理解を示そうとしてきたのであろうか。

ヒックは、宗教多元主義提唱の前段階として、*The Myth of God Incarnate*（『神の受肉神話』(4)）を編集し、従来の三位一体論・キリスト論で主張される神の受肉を神話として取り扱ったのである。そこで提示された主張は、イエスが「受肉した神」、つまり、人間として生きた三位一体の神の第二位格であったという観念が、教会による知的構成物にすぎないというものである。さらに詳細に言えば[5]、その主張は、（一）イエスがいかなる意味においても、自らを「受肉した神」とも、三位一体の神の第二位格とも教示しなかった事実、（二）三位一体論の教義の確定に至るまでの、イエスの位置づけの歴史的変遷、（三）神の受肉を神話と位置づけることが宗教多元主義への可能性を開くという提言、という三点から説き起こされている。

前述のように、三位一体論は数々の論争を通じて、公会議で確立された教義である。したがって、この書物の基本主張と（一）―（二）の主張それ自体は神学上では周知のものである。（三）についても、前述のリッチュルが合理的な視点から三位一体論を排除し、さらに、トレルチは、歴史的・客観的な意味でのキリスト教の絶対性否定という主張をすでに展開している[6]。「宗教多元主義」という概念こそ存在しないが、信仰上の問題は別として、事実上、キリスト教を世界の諸宗教の一つとして位置づけようとしている。それらの点からして、ヒックの主張は、彼自身も認めているように、けっして従来にない新奇な説というわけではない。

ヒックがこのような主張をあえて取り上げたのは、神学上の様相と、教会を中心に営まれる信仰上の様相の違いに注目していたからである。ヒックは、教会によって確立されたにすぎない三位一体論・キリスト論を民衆が事実として信じさせられ、イエスという「受肉した神」をこの世界で唯一戴くキリスト教の絶対性を無条件に受容させられているという状況認識をもっている。このような状況は彼が提唱しようとする宗教多元主義、つまり、キリスト教の絶対性を否定し、世界の様々な宗教の一つとして捉えてゆこうとする運動にとって大きな障害となったであろうことは容易に予想される。前述したように、ヒックは神学者・宗教哲学者であるとともに、宗教的な活動家としての側面をもっている。宗教多元主義は、神学上の問題としてだけではなく、宗教的な伝統を異にする人々の現実的な相互理解・融和をも目指しているのである。その意味で、従来の三位一体論・キリスト論を文字通りに受けとるのではなく、神話の領域へと押しやることはそれなりの必然性があったのである(7)。

ただし、注意しなければならないのは、ヒックが三位一体論・キリスト論に批判的に言及するのは、神とイエスを事実として同一視した、宗教多元主義と対立するような解釈についてであって、けっして三位一体論・キリスト論そのものを拒否しているわけではない点である。「神話」はけっして中身のない空想ではない。むしろ、様々な解釈を受け入れる可能性を秘めたものと言うべきである。実際、ヒックは宗教多元主義との両立を可能にするような三位一体論・キリスト論への解釈を提示しているのである。以下では、それらの解釈について考察することにしよう(8)。

ヒックの霊感的キリスト論

ヒックは、キリスト教の歴史において、イエスに神性と人性の両方の具備を見いだすような従来のキリスト論とは別の方向がたえず存在し続けてきたと指摘する。それは、イエスを神の霊に満たされた偉大な預言者と考えるものであり、ヒックはそれを「霊感的キリスト論」(inspiration Christology)と呼んでいる。この霊感的キリスト論の歴史は、『新約聖書』における最古の言語層にも遡るものであり、そのキリスト論に基づくならば、「神の受肉」は、神がキリストとしてこの地上に降り立ったということではなく、イエスに神の霊感や恩寵が有効に作用した結果として、イエスが現実世界で神の目的を遂行するための手段となったことを意味している。このような解釈に立つかぎり、「神の受肉」はイエスだけに限定される必然性はなくなる。つまり、イエス以外の人々にも起こりうることになるし、ヒックは実際にそれらが起こったと考えている。しかも、イエスにおける「神の受肉」が他の人々における「神の受肉」よりも完全なものであったことを示す明確な根拠はない。なぜなら、私たちは「神の受肉」を経験したとされる人々の内的・外的な生活のあらゆる瞬間と様相を観察するような手だてをもっていないからである。

したがって、この霊感的キリスト論は、イエスにおける「神の受肉」だけがこの世界における唯一のものではないということ、さらには、イエスにおける「神の受肉」が他の人々における「神の受肉」に対して必ずしも優越的な地位にあるのではないことをも教えている。それは、イエスにおいて

「神の受肉」が行なわれたということに決定的な意味を見いだすキリスト教信仰に基づいて他宗教の信仰を排除するような排他主義、さらに、他宗教の信仰をもキリスト教信仰の枠内で捉えようとするような包括主義が妥当でないことを示し、同時に、キリスト教を世界の様々な宗教の一つとして位置づけようとする宗教多元主義の立場にも合致するのである。その意味で、このような解釈に基づくキリスト論と宗教多元主義は両立可能である。ヒックは、この霊感的キリスト論こそが宗教多元主義的な視点から今後展開されてゆくべきであると強調している。

ヒックの三位一体論解釈

さらに、ヒックは、この霊感的キリスト論が三位一体論をも同様の方向に導くことが可能であると主張している。三位一体論の理解に対して従来採られている神のペルソナ説では、父である神、子であるイエス、聖霊という神の三つのペルソナが独立に存在し、その各々が独自の意識をもった中心として捉えられている。しかし、霊感的キリスト論は、このようなペルソナ説に陥ることなく、神が三つの区別可能な仕方で経験されるという三位一体論的な理解と両立可能である。なぜなら、神は、創造者として、救済者として、霊感者として私たちに働きかけ、その働きかけに応じて、私たちはそれらをそのようなものとして認知することになるからである。つまり、霊感的キリスト論に基づく三位一体論は、三つの位格を神性における三つの様相として理解する。このような三位一体論の解釈は、キリスト教に限定される必要はなく、他の宗教にも開かれている。キリスト教ではイエスを通じて、救済への道が示されるが、他の人間にもイエスと同様に「神の受肉」がありうる以上、他の宗教でもキリスト教と同等の救済への道が認められるのである。その意味で、霊感的キリスト論と同様に、ヒックは、このような三位一体論の解釈こそが宗教多元主義的な視点から今後展開されてゆくべきであると強調している。

以上のように、ヒックは、三位一体論・キリスト論を文字どおりの事実として捉えるような従来の理解とは厳しく対峙しつつも、宗教多元主義の立場からでも、三位一体論・キリスト論を、その妥当性を損なうことなしに、受容可能であることを示すというスタンスをとっている。もちろん、ここで提唱されている三位一体論・キリスト論への解釈は、教会で承認されたという意味での正統説ではない。しかし、ここにこそ、「神の受肉」が神話であり、従来の三位一体論への解釈が教会による知的構成物にすぎないという前述の主張が生きてくる。「神の受肉」が神話である以上、歴史的な状況において、それは様々な解釈を容れる可能性をもっている。教会による従来の解釈はその可能性の一つにすぎない(9)。ヒックは、現代のグローバルな状況に向けて、それにふさわしい新たな解釈を導入しようとしているのである(10)。

サマルサの三位一体論・キリスト論解釈①

以上のように、宗教多元主義提唱の前提として、キリスト教の絶対性主張を問題視し、その究極的根拠である三位一体論・キリスト論に対して、ヒックが独自の新しい解釈を加えている点を説明した。つぎに以下では、本題から多少外れることになるが、ヒックと同様に新しいキリスト論を展開しているサマルサ（Stanley J. Samartha　一九二〇―二〇〇一年）の主張にも触れておきたいと思う。サマルサはインドの宗教にも精通したキリスト教神学者で、他宗教との対話に関わる当事者として長いキャリアをもっており、インドという場を舞台にしたキリスト教とインドの諸宗教との関わり方をモデルとして、宗教多元主義的なヴィジョンを探求している。彼も、宗教多元主義との関わりで、三位一体論・キリスト論に注目し、それらの教義の意義について言及している(11)。

まずサマルサは、三位一体論におけるイエスの受肉を、神が自らを歴史のなかで相対化したものと位置づけている。したがって、相対化した存在であるイエスを教義において絶対化することは妥当でないと指摘する。もっとも、絶対的なものが相対的なものになることはないだろう。そのようなものは本来「絶対的」とは言えないからである。サマルサも三位一体論が言語上、神秘のあり方を適正に表現していないことを自覚している。彼の表現によれば、三位一体論はあくまでも象徴的でのみありえる。それはたしかに神秘を指し示してはいるものの、依然として神秘は説明不可能な深さをとどめたままでいるのである。

実際のところ、三位一体論のような、神秘のあり方に対する定式はキリスト教以外の宗教にも見いだすことができる。サマルサが例として挙げているのは、ヴェーダーンタ不二一元論派で定式化されている、ブラフマンの「実在・知識・歓喜」(sac-cid-ānanda) である。[12] これは、究極的真理であるブラフマンの特色を表したもので、ヴェーダーンタ不二一元論派に限らず、インドの宗教思想における絶対者観として広く受け入れられてきた。[13] そして、三位一体論も、この「実在・知識・歓喜」も神秘の説明不可能な深さをとどめたものである以上、両者の定式のどちらが正しい洞察であるかを判断できるような根拠を提示することはできない。

しかし、排他主義者や包括主義者[14]は、それでも、三位一体論で表現される「受肉した神」としてキリストの絶対性主張を保持しようとするかもしれない。だが、そのような主張は結局、神秘に対してキリスト教とは異なる関係の仕方をもつ他の宗教という隣人を無視することになる、とサマルサは指摘する。その結果、キリストの中心的な教えにほかならない隣人愛の否定につながりかねない。

したがって、三位一体論が、神という絶対的な存在がキリストという形で自らを相対化したという、理性的な理解を超えた神秘をとどめた定式であり、かつ、そのような定式が他の宗教にも見いだされ、両者の真偽・優劣を判断する明確な根拠が存在しないという理由から、サマルサは、キリストの絶対化、そしてそれに伴う、キリスト教の優越性の主張を保持することは妥当でないと結論づけている。

サマルサの三位一体論・キリスト論解釈②――神中心的キリスト論

では、サマルサは、三位一体論で説かれる「イエス・キリスト」という特殊性を宗教多元主義とどう結びつけようとしているのだろうか。彼はそれを「神中心的（または神秘中心的）キリスト論」(theocentric（or mystery-centered）Christology）という形で捉えようとしている。[15] たしかに、三位一体論は神とイエス・キリストの同一性を教えているであろう。しかし、それを文字どおりに「イエス・キリストが神である」と理解することは、結局、キリスト教以外の宗教にも別の神々が存在しているように、イエス・キリストをキリスト教共同体にとっての部族神であると言うのに等しいではないかとサマルサは問いかける。[16] その意味で、イエスを神の地位にまで高める「キリスト一元論」は妥当ではない。さらにそれとは正反対に、たとえば前述の自由主義神学のように、キリストを「ナザレのイエス」という一人のユダヤ人に限定しようとする「イエス主義」も避けるべきである。イエス主義は、結局、キリスト教の中心的な教義である三位一体論・キリスト論を否定するものだからである。[17] 神中心的キリスト論は、これらの両極端な見方の超克を意図し、他宗教の隣人たちとの新しい関係を作り上げるために要請される。

サマルサはこの神中心的キリスト論がけっして新奇なものではないと指摘する。というのも、そもそも『新約聖書』は、神の優先性を強調しているし、そこに記されたイエスの言動も神中心であったからである。サマルサは、「神はそのひとり子を下さるほどにこの世を愛された」や「万物が神に従うとき、御子も万物を従わせた神に従うであろう。それは神がすべてのものにおいてすべてとなるためである」などの記述にその根拠を見いだそうとしている。(18) そして、これらの記述から、『新約聖書』においても、神がキリスト教以外の宗教の信仰者を含む全人類との契約をけっして廃棄していなかったことが明らかになる、と主張している。したがって、神中心的キリスト論は、他宗教の隣人たちと共に生きるための神学的な場を提供するものとなるのである。

これに対して、キリスト一元論は上述のような『新約聖書』の証言を正当な視野に収めていないし、実際のところ、三位一体論の意義を十分に強調しているとも言えない、とサマルサは指摘する。なぜなら、三位一体論は、神とキリストの同一性だけではなく、聖霊との同一性をも説いているからである。キリスト一元論の場合、キリストをそのまま神と同一視するために、どうしても、神の働きに他ならない聖霊が軽視されがちになる可能性がある。

周知のように、東西のキリスト教会の教義的な差異として、聖霊が父である神のみから発出するのか、父である神と子であるキリストから発出するのかという重要な問題がある。後者の立場にたつ西方教会のアウグスティヌスは、聖霊を父と子の「愛の果実」、「結合の絆」と捉え、事実上、聖霊の存在意義を両者の関係性へと解消させている。この解釈自体は、アウグスティヌスの信仰にとって必然的なことではあったが、そのような解釈に立つ場合、子であるキリストと聖霊は同格とされながらも、実際には聖霊の独立性が希薄になる可能性が出てくるだろう。

これに対して、サマルサは、東方正教のとった前者の立場を評価する。その場合、キリストと聖霊は神を頂点としながら、文字どおり同格的な存在として位置づけられることになる。しかしこれは、キリスト教信仰におけるキリストの中心性をけっして低く評価することを意味していない。なぜなら、神がキリストにおいて顕現したという、キリスト教信仰の核心はそのまま保持されているからである。サマルサによれば、このような三位一体の理解こそ、イエス・キリストを三位一体論的な信仰の構造へとはっきり組み入れることにつながるのである。

したがって、このような三位一体論――サマルサによれば、その意義を十分に強調した三位一体論――に根拠づけられた神中心的キリスト論は、イエス・キリストの特殊性を認めながら、神の神秘を保持する基礎を提供することになる。キリスト教信仰においては、イエス・キリストを通じて、神の神秘に与ることになる。しかし、キリストと聖霊が同格である以上、聖霊の働きを無視することはできない。そしてもし、キリスト教以外の宗教をその聖霊の行なった働きであると考えることができるならば、キリスト教信仰者にとって、他宗教の信仰者たちという隣人に対する見方も決定的に変わることになる。他宗教の信仰者たちは否定したり、排除したりするような異質な存在ではなく、共に等しく神の神秘に与る隣人として意識されるからである。そして、重要なことは、他宗教の隣人との対話が、キリストと聖霊の同一性ゆえに、キリスト教信仰者にとっては同時にイエス・キリストの意味の探求でもあるということである。

以上のように、サマルサによる三位一体論・キリスト論への解釈とそれに裏付けられた「神中心的キリスト論」と呼ばれる彼の宗教多元主義のヴィジョンについて考察してきた。サマルサは三位一体論を、絶対者に関する神秘をとどめたままの定式と捉えつつ、それがキリスト教だけではなく、他の宗教にもありうるとする。その意味において、キリスト教が他の宗教に優越していると考える明確な根拠は存在しない。そして、従来行なわれていたような、キリストを神と同一視して、キリスト教信仰だけに神による救済を認めるキリスト一元論と、それとは逆に、キリストを「ナザレのイエス」という一人間として捉えるイエス主義を克服し、神中心的なキリスト論を展開する。これは、『新約聖書』の記述にも十分裏付けられるものであり、神中心的なキリスト論に基づくかぎり、神が全人類を救済の対象とするという表明と、三位一体論に説かれる聖霊の存在意義が十分に生かされることになるのである。このような見方は、キリスト教と他の宗教に同等の存在意義を認めようとする宗教多元主義に背反しないばかりか、むしろ、宗教多元主義に合致し、それを支えるものともなるのである。

サマルサは、三位一体論・キリスト論というキリスト教の中心的な教義を否定することなく、それらに従来とは異なる解釈を導入して、宗教多元主義との両立を試みている。その意味において、彼のスタンスはヒックのそれと基本的に一致すると言えるだろう。

三　ヒック理論の中心点——二重実在説

さていよいよ本節では、ヒックの宗教多元主義の中心的な内容を扱うことにしたい。そもそもヒックの宗教多元主義は純粋な多元主義とは性格を異にしている。もし純粋な多元主義の立場をとるならば、それは宗教に関する相対主義的な観点に近づいてゆくことになるであろう。このように相対主義に近づくような多元主義、あるいは、完全な相対主義的な観点からも、世界の諸宗教を尊重することが可能な立場は成り立つかもしれないが、ヒックの主張とそれらとははっきり区別すべきであるということを特に強調しておきたい。なぜなら、ヒックは、各宗教がそれ自身の価値を有するという理論的な根拠として、宗教的本質の同一性を要請しているからである。つまり、ヒックの提唱する宗教多元主義は、宗教の一元的理解に裏づけられた多元主義なのであって、純粋な多元主義や相対主義ではないのである。この同一性の要請こそがヒック理論の大きな特色であると同時に、その理論のもつウィークポイントであるとも言える。事実、ヒックの宗教多元主義に対する批判の大半はこの点に集中しているのである。

ヒックによる宗教的本質の同一性に関する議論は様々な要素が複合的に絡み合っており、けっして単純なものではないが、以下では実在への応答という点に注目しながら、その内容を考察してゆくことにしよう。

本性的実在と経験的実在

まずヒックは、様々な「偉大な世界信仰」（great world faiths）――このタームについては第五節で改めて問題にするであろう――が応答するようなある種の存在を想定している。ヒックはそれを「実在」（the Real）という概念で表現している。言うまでもなく、「偉大な世界信仰」は様々な神や宗教的真理などを例外なく提唱しており、通常はそれらによって救いが実現されるとか、それらを獲得することによって悟りが実現されるという形で、宗教的な営為において最も重要なポジションに置かれている。ヒックが「実在」という概念を使用するのは、このように各宗教において様々に表象される神や真理といったものをすべて包摂して、どの宗教にも普遍的に妥当するということを考慮したものである。

ヒックは宗教理解の中心的課題を「実在」という概念に集約させながら、さらにその実在を本性的実在（the Real in itself）[19]と経験的実在（the Real as humanly experienced）[20]の二つに区別している。本書では、このような発想を「二重実在説」と便宜的に呼んでおくことにしたい。私見によれば、この二重実在説はヒックの宗教多元主義においてもっとも中心にある考え方であり、この説がなければ、ヒックの多元主義もまた成り立たないとさえ言えるものである。

さて、問題はこの二つの実在がどういう関係にあるかという点であるが、ヒックによれば、本性的実在は人間にとって経験不可能であり、私たち人間は結局、実在を経験的実在の形としてしか把握できないとされる。つまり、厳密に言えば、実在は二種あるのでなく、一つの実在が他の形で見えるという二重写しの状態にある。本書がヒックの実在説を「二重実在説」と呼んでいるのは、実在把握のそのような変則的形態を考慮しているからである。したがって、ヒックの実在説は、一見、本性的実在と経験的実在という二つの実在を主張する点で二元論のように思われるが、実は二元論ではなく、一元論的立場にあると考えられる。[21]

ヒックはこの二重実在説を中心にして、宗教現象における多様性と同質性という相反する性質が両立しうるような理論構築を試みようとしている。その理論構築はつぎに示す二人の哲学者の説を援用する形で展開される。以下では、それらの学説がどのように援用されているのか見てみよう。

カント認識論の援用

まずヒックは宗教多元主義の理論をカントの認識論の援用によって根拠づけようとしている。[22]周知のように、カントは、物自体（Ding an sich）を直接認識することは不可能であり、あくまでも感性にアプリオリな形式として備わる時間・空間に現象するものだけが認識の対象となり、かつ、それが悟性にアプリオリな形式として備わる純粋悟性概念に適応されて、はじめて科学的な認識が成立する、と主張した。ヒックはこのカントの認識論を、意識的な経験の形成にとっての、思想や概念の果たす創造的な役割を明確にしたものとして位置づける。つまり、私たちの環境は、直接的な形で私たちの意識に跳ね返ってくるものではなく、あくまでも、概念を通じた経験として受け取られる。それが人間にとっての「意味」であると言うのである。

そもそもカントの認識論は、物の認識をテーマとしており、宗教的な認識のテーマは別の問題であった。むしろ、宗教的な認識をそのような一般的な認識と区別する――つまり、神への信仰は実践理性が要請する――ものであったと言ってもよい。ところが、ヒックは、この認識論を宗教的な経験にも拡大解釈している。つまり、宗教的な経験は、物的な経験を前提にしながらも、これを超越した、さらに深いレヴェルにおける「意味」とされる。そして、物的な経験が時間――ただし、厳密には時間と空間――を通じ、純粋悟性概念に対応して具体化するのと同様に、宗教的な経験も、人間の時間である「歴史」を通じ、宗教的概念に対応して具体化すると主張する。その具体化したものが宗教的な伝統とされるのである。

ところが、この宗教的な経験は、本質的に素質的な側面をもっているために各々固有な形態をとるとヒックは主張する。これは重要なポイントである。この場合の「素質」とは、個々の人間が背景とする文化的・歴史的な背景と、そこで作用している宗教的な概念のことを指している。個々の人間は文化的・歴史的な背景を異にしているため、経験的実在の現臨を、様々な宗教的な概念や宗教的な意味を介して、多様な形で経験する。つまり、実在はそれ自身として経験されるのではなく、実在と人間の意識との接触面で生み出され、経験されることになる。これこそが、実在への応答における多様性に関するヒックの見解である。したがって、ヒックは、各宗教が絶対的真理と考えているものを、あくまでも実在に対する応答の形態として捉えているのであって、実在に対して、本性的実在とそれを捉える人間側の実在観という二重的な捉え方をしているのである。

ウィトゲンシュタイン説「何かを何かとして見る」の援用

ヒックは認識のこのようなあり方を、ウィトゲンシュタインの説いた「何かを何かとして見る」(seeing-as) に着想のヒントを得た「何かを何かとして経験する」(experiencing-as) という形でも説明を加えている。これが第二の援用である。そもそもウィトゲンシュタインは「見る」という行為が(一) 純粋に視覚的なものと (二) 純粋視覚だけではなく、解釈を伴うものとの二つに区別されると述べている。[23] (一) は通常の視覚であるからよいとして、(二) については、彼自身が「ウサギ―アヒル」の騙し絵を例にして説明している。つまり、見ようによっては、「ウサギ」にも「アヒル」に見えるその絵を「ウサギ」の絵と見るか、「アヒル」の絵と見るかは、(一) のような純粋な視覚とは異なって、何らかの解釈を伴っているということ、つまり、(二) のような視覚は「なかば視覚体験であり、なかば思考であるように思われる」[24] と説明されるのである。

ところが、ヒックはこの説明を二つの点で拡大解釈している。その一つは、テーマを視覚だけではなく、経験一般へと広げたということであり、もう一つは、視覚に介在する解釈のレヴェルをウィトゲンシュタインよりも広げたということである。ヒックにとっては、ウィトゲンシュタインの挙げる（一）の視覚も実は純粋な視覚とはみなされていない。なぜなら、それを「絵」として認識すること自体がすでに解釈を伴っていると考えられるからである。端的に言えば、あるものを「絵」であると認識することが可能な人間は、「絵」という概念が成立している文化に身を置く者でなければならない。「絵」のない文化で「絵」であると認識する状況はそもそもありえないのである。そして、ここからヒックは、人間の経験というものはすべて「何かを何かとして経験する」ものであると位置づける。人間はいちいち目の前にある対象が何であるのかを考えながら経験しているわけでないだろう。しかし、逆にそういう事態が成り立っているというのは、自らが置かれている文化的背景の中で意味体系を身に付け、ほとんど意識することなく物事を経験しうるような型ができているからであると言うのである。

そして、このような考えが宗教的経験の説明についても妥当する。つまり、ヒックが「本性的実在」と呼ぶ究極的な実在は、ヤーウェとして、三位一体の神として、アッラーとして、シヴァとして、ブラフマンとして、ダルマとして、様々な異なる人間に、各々が属する文化的背景を前提にした概念を介して経験される可能性があるというのである。つまり、本来経験不可能である本性的実在に何らかの形で感応する人間は自らの文化的背景に基づきながらそれを表象しようとする。そして、表象化されたものこそが経験的実在なのである。もちろん、このような実在に感応できる人間は特殊な存在であろう。前述のように、ヒックは、従来神の子として捉えられていたイエスを霊的な能力をもった一人の偉大な人間と捉え、そして人類の歴史上、同様の能力をもった人間が何人も出現したと考えている。その人間たちこそ、ブッダやムハンマドなどといった「偉大な世界信仰」を創始した開祖たちなのである。

ペルソナとインペルソナ

ヒックは、世界において宗教的概念が様々な形で存在しているという現象的な事実を、個々の文化的な背景の違いによって説明しようと試みている。そして、これらの宗教的な諸概念のうちでも、最初に生起し、宗教的な経験の諸形態の全領域を覆うような、基本的な宗教概念の区別が存在すると言う。それが人格的な実在と非人格的な実在の区別である。これは結局のところ、宗教の中心的な観念である究極的実在をどのようにイメージするかというプロトタイプと言えるだろう。

前者は端的に言えば「神」という概念であり、ヒックの用語で言えば「ペルソナ」(persona) と呼ばれる実在概念である。その例として、キリスト教の神、ユダヤ教のアドナイ、イスラームのアッラー、ヒンドゥー教のシヴァ、ヴィシュヌ、パラマ・アートマンなどが挙げられている。これらの神々はしばしば「人格神」と呼ばれるように、人間との類比で表象されたものである――もっとも、ユダヤ教などでは、人間は神に似せて作られたと言われるので、人間に似せて神をイメージするというのは順序としては反対と思われるが――。

これに対して、後者は「インペルソナ」(impersona) と呼ばれる実在概念である。ヒックがこの「インペルソナ」の例として挙げているのは、インドの宗教概念であるブラフマン、ダルマ、仏教のニルヴァーナ (nirvāṇa)、縁起 (pratītyasamutpāda)、法身 (dharmakāya)、空性 (śūnyatā)、道教の道(タオ)などである。ヒックはさらに、「ペルソナ」が具体的・有限的であるのに対して、「インペルソナ」は、実体というよりはむしろ、霊的な力の場、万物の究極のリアリティであるという対比も行っている。

この区別から明らかなように、経験的実在は、人格的な存在としても、非人格的な存在としても経験可能であるということになる。そして、そのどちらとして経験されるかは、結局のところ、文化的背景という条件に拘束されるのである。

ところで一般的に言えば――つまり、宗教的な理解のような、何らかの解釈を導入しないかぎり――、ある人間がある文化という特定の条件のもとに存在していることには何の必然性もないと言えるだろう。私個人について言えば、私が日本人であるのはまったくの偶然でしかないだろう。そして、ここから、ヒックは次のような発言を引き出してくる――「私がキリスト教徒であって、イスラーム教徒でもなければ、仏教徒でもないということは、綿密に論証が検討されたからであろうか。そうではなくて、私が生まれたのはイギリスであって、サウジアラビアでもなければ、タイでもなかったという事実に大いに関係するのではないだろうか」と。(25) つまり、私たちがどの宗教と関係するかは――あるいはまったく関係しないという場合も含めることもできるが――、ほとんどの場合、自分がどこで生まれ、どこで育ったかという事実から決定的な影響を受けるのである。問題はそのような偶然の賜物である宗教をどう捉えるかという点にある。ヒックのこのような発言は、世界の諸宗教が神や究極的な真理を説いているとしても、結局、相対的な存在にすぎないとして、宗教に関する相対主義的な発想へと至りやすいが、それはヒックの本意ではないだろう。ヒックの強調点は、実際の宗教が相対的な存在であるという平板な事実にあるのではなく、諸宗教が相対的な関係にあることの深い意味、つまり、各々の宗教が唯一の実在に感応し、文化的な違いによって多様であるがゆえに、それらの諸宗教が互いを必要としあうという相互補完的な関係性にある。この点こそ、ヒックの宗教多元主義が相補的宗教多元主義（complementary religious pluralism）と呼ばれる所以である。

「ペルソナ」と「インペルソナ」という二つの区別は、比較宗教学、さらに、その流れをもっとも強く継承する宗教現象学の分野で言えば、宗教の絶対者観・実在観といったテーマで扱われてきたものである。そして、「ペルソナ」は有神的宗教に、「インペルソナ」は無神的宗教に配当されるであろう。しかし、両者の決定的な違いは、宗教現象学では、類似を前提に置くだけで、それらの相異なる実在がなぜ存在し、それらがお互いにどのような関係にあるのかという問題は不問にされているのに対して、ヒックの宗教多元主義の場合、この不問にされている問題を、文化的環境の違いに基づいて、相異なる宗教的観念が存在し、それらの宗教観念がある一つの共通な本性的実在に応答しているという点から、それらが本質的には同質の関係にある、という形で解決しようとしているのである。

四　関連する諸説

これまで、二重実在説、ペルソナ・インペルソナ説などによって、宗教の多元性を理論化しようとしたヒックの宗教多元主義について検討してきたが、以下では、それに関連する諸説について、補足的に検討することにしたい。

諸宗教の共通性

ヒックは「偉大な世界信仰」には共通する性格が見いだされると言う。それは、神、真理などいかなる形で表象されるにせよ、諸宗教は、実在を想定し、その実在への指向を通じて、自己中心的な発想から離れてゆこうとする方向性をもっているという点である。たとえばその例として、キリスト教における愛（アガペー）の理念や大乗仏教の慈悲の理念を挙げることができるだろう。(26) この二つの理念はいずれも、自己がまずあって、その自己が他者を愛したり、慈しんだりする、という性格のものではけっしてない。これらはいわば「無私の行為」としか言いようのないものであるが、行為の主体を欠いた行為はありえないという通常の認識に照らせば、明らかに非日常的と規定されかねない行為であろう。しかし、宗教においては、このような行為が成り立ちうると考えられている。それは、宗教においては、自己が自己を超えたものになりうる可能性を認めている、あるいは厳密に言えば、自己が現実の自己を超えてこそはじめて本来の自己になりうるという確信をもっているからである。そして、その確信の究極的な根拠となるのが「実在」という概念によって表されているものである。人間は実在に接したとき、現実の自己を超えることができる。このような観察に基づいてヒックは、諸宗教を実在中心的な立場から捉え直すことを提唱している。そうすることによって、諸宗教はその違いを超え、人間を自己中心的な発想から解放することに寄与するだろうからである。

プトレマイオス的神学とコペルニクス的神学

ヒックにとって宗教多元主義とは、キリスト教が他の宗教に対して取りうる一つの立場を意味している。したがって、彼の宗教多元主義は同時に宗教多元主義的神学と呼ばれることもある。しかし、第一章のはじめで触れたように、私はこのような考えには必ずしも同調できない。というのも、宗教多元主義がキリスト教神学と捉えられるかぎりにおいては、それは依然として多元主義とは言えないと思うからである。それはともかくとして、ヒックは自らの宗教多元主義的神学を従来のキリスト教神学と比較しながら規定している。それが天文学に関連づけて説明されるプトレマイオス的神学とコペルニクス的神学という区別である。前者の神学は、あたかも、観測結果との齟齬を来しながらも、宗教的な理由もあって、依然として提唱され続けた天動説と同様に、現代における宗教の多元的状況、あるいは、キリスト教以外の宗教を通じても救済が起こりうるという現実の結果との齟齬を来しながらも、依然としてキリスト教の絶対性を提唱するような、教会中心、キリスト中心的な従来の神学を指している。それに対して後者の神学は、あたかも、観測結果に基づく形で、従来とはまったく異なる大胆な発想を展開——いわゆるコペルニクス的展開——した地動説と同様に、今述べたような現実の結果に基づく形で、従来のキリスト中心から実在中心へと発想を大きく展開させた宗教多元主義的神学を指している。我田引水的な位置づけである点は否めないが、ヒックの宗教多元主義が現代における宗教的状況というものを強く意識した提唱であることは十分注意すべきであろう。

五　ヒック理論の問題点

以上のように、ヒックの宗教多元主義について、特にその中心的な位置を占める二重実在説という考え方を主軸にして考察を加えてきた。ヒック理論は世界の代表的な宗教を、実在への応答の様々なヴァリエーションとして定位しようとする、従来の宗教理解にはない大胆な発想であることに違いないし、また、今後の宗教理解においても十分考慮すべき内容をもっていると言えるだろう。しかしながら、理論として見るかぎり、ヒックの宗教多元主義にはいくつかの重大な問題点が存在していると考えられる。私は、宗教多元主義を一方的に是認したり、拒否するような一義的な価値判断を導入するつもりはない。本書のスタンスは、宗教多元主義を批判的にトレースしながら、そこから、今後の宗教理解につながるような視点を摂取したいというものである。そのようなスタンスから、本節では、これまでに実際に行なわれたキリスト教神学者や宗教哲学者の批判的な研究をも考慮しながら、ヒック理論に関する問題点を指摘しておきたいと思う。それは（一）宗教多元主義の仮説性、（二）宗教多元主義の多元性、（三）「偉大な世界信仰」という概念、という三つの事項をめぐる問題点である。

本性的実在の存在性

ヒック理論に対する批判のうちでもっとも集中しているのは、その理論の根幹をなす実在、特に本性的実在の存在性に関するものである。前述のとおり、ヒックはこの本性的実在をカント認識論における物自体と同位に扱い、認識という営為において物自体が認識不可能であるのと同様に、宗教的経験という営為において本性的実在が経験不可能であると主張した。しかし、翻って考えてみると、経験できないものがなぜあると言えるのかという素朴な疑問が浮かんでくる。一般に経験されないものにはそれが存在するという根拠がない。そして、根拠がない主張はドクサ（臆見）にすぎないだろう。つまり、ヒック理論は中心部分にそのようなドクサを抱えているため、はたして理論として十分な説得力があるのだろうかという疑問が生じるのである。

あるいは、この問題は別の角度からも捉えられるであろう。ヒックが経験的実在と見なしているものの、たとえば、仏教におけるダルマ・縁起、キリスト教におけるガッドやイスラームにおけるアッラーなどといった諸宗教の想定する実在をヒックは本性的実在とは区別するのであるが、その区別が成り立つためには、経験的実在を経験する人間とはまったく異なる第三者的な視座、つまり、人間に様々な表象として捉えられる経験的実在が実は本性的実在ではないということを示しうるような、経験的実在とそれを超えた本性的実在との対応関係を見通せる視座が必要である。たとえば、全体のない一部は「一部」とは言えないし、オリジナルのないコピーは「コピー」とは言えないのである。そして、もしこのような視座に立てなければ、経験的実在が本性的実在ではないと断言することはできないはずである。ところが、ヒックの言う本性的実在は人間に経験されるものではないという点で、そのような第三者的な視座に立つことが確保できない。したがって、ヒックの提唱する理論はやはりドクサにすぎないという帰結に至るのである。

第一の問題点——宗教多元主義の仮説性

本性的実在の想定がドクサではないかということ自体、大きな問題である。しかし、ここではそれを独立した問題点には数えない。なぜなら、それにはついてはヒックによる反論があるからである。しかし、本書で第一の問題点に数えるのはまさしくその反論の内容である。

ヒックは、経験不可能な本性的実在を前提とする理論構築は無効ではないかという批判に対して、今述べたような第三者的な視座を確保できるという視点から反論しているわけではない。ヒックの反論は自らの主張を、宗教的な諸事実を帰納的に推理して得られる仮説として定位しようとするものである。つまり、ヒックは、本性的実在が人間に関係する経験的実在として表象されるという主張やそれを根拠とする宗教多元主義を仮説として捉えようとする。この仮説は、世界には様々な宗教的な伝統が存在し、それらには固有の信念体系が備わっているという事実を、もっともよく説明できる理論として位置づけられているのである。

このような反論は、どうしてもヒック自身の主張が後退したという印象を拭いきれないであろう。しかも、宗教多元主義が仮説であるという説明によって問題が必ずしも解決したわけではない。というのも、本来、仮説は検証を必要とする。つまり、仮説は後に証明されるべきものであるという性格をもつ。ところが、宗教多元主義を仮説と言う場合に、検証を必要とするもののなかに、本性的実在が存在するということが含まれている。しかし、それは経験不可能であるから、本来検証しようのないものである。したがって、宗教多元主義を仮説と捉えたとしても問題は何も変わっていないし、検証不可能なものは仮説ともなりえないのではないかという疑問が残るであろう。

「神がいるとすれば、この世界の人々はすべて救われるだろう」と発想は様々な宗教において説かれているものであるが、それは仮説ではなく、願望の領域に属するものなのである。

終末論的検証

しかし、このような問題点の指摘に対して、ヒックはさらに反論を用意している。それが「終末論的検証」（eschatological verification）と呼ばれるものである。[27] 元々、ヒックが宗教多元主義を提唱する以前に取り組んできた宗教言語に関する研究の中で提唱されたものであるが、再考されて、宗教多元主義とも密接に結びつくことになった。これは、後期ウィトゲンシュタイン哲学の影響下で宗教言語を非認知的言語と捉えるような傾向への反対を強く意識したもので、宗教言語は認知的言語、すなわち、事実を前提にする言語であると考えるユニークな解釈である。現在の問題点に即して端的に言うならば、この終末論的検証とは「究極的実在がもし存在するならば、それはかならず具体的な事実の経験において検証される」ということになる。[28] つまり、死後の世界があるかどうか分からないにしても、もしヒックの言うような究極的実在が存在するならば、私たちはそれを死後、具体的に事実を経験するという形で検証するのである。ただし、事実を経験すると言っても、通常の事物に対する経験と多少異なる。それはその検証が「今ここで」行われるわけではないという点である。

従来のヒックはこの終末論的検証をキリスト教に適用し、キリスト教は「神の目的の成就」という未来の具体的な事実の経験を前提にした存在であると性格づけてきた。そして現在では、キリスト教に限らず、宗教全般の理解における事実の問題を扱う場合にも有効な検証方法であると位置づけているのである。

さて、この終末論的検証という方法を用いた究極的実在の存在性検証をどう捉えたらよいだろうか。率直な意見を述べるならば、これを検証としてそのまま受け入れることはできないと思う。その理由はこの検証が明確に誤りであるからというのではなく、何とも腑に落ちないとしか言わざるをえないのではないだろうか。検証が理性的な疑いの根拠を取り除くものであるとするならば、少なくとも私の理性は、この終末論的検証によって、究極的実在が存在することへの疑問の根拠が取り除かれたとは思えない。というよりは、「今ここで」ではなく、死後に持ち越されるような検証方法がそもそも検証としての資格をもっているのか大いに疑問を感じるのである。しかも、これは単に宗教多元主義だけの問題ではなく、「神は人類を愛する」などといった宗教言語がはたして事実を扱っているのかという宗教理解の根幹に関わる問題である。それがこのような検証で簡単に決着するとは到底思えないのである。

第二の問題点——宗教多元主義の多元性

第二の問題点は、この多元主義が本当の意味で「多元」と言えるのかという点である。ヒックは自らの多元主義を言い表わす比喩として、イスラーム神秘主義者のルーミーが述べた「ランプは異なるが、光は同じ」という比喩を好んで使用している。言うまでもなく、この比喩表現のウェートは、ランプの違いにではなく、光が同じであるという点にある。これが他宗教への理解をまったく認めない排他主義的な発想に対置される場合、たしかに、自らの宗教だけが真実であり、それ以外の宗教は虚偽であるという見方を是正する——そのことがどうしても必要であるならば——のに役立つかもしれない。しかし、この比喩は世界に様々な宗教が存在するが、本来的にはそれらが一つであることを主張しているのである。この比喩にたとえられるヒックの多元主義は結局のところ、宗教の多元的な存在性を認めると言いながら、その根底に宗教を一元的に捉えようとする発想が前提になっており、この一元性がなければ、成り立たないような多元性であると言える。したがって、それは、厳密に言えば、多元主義そのものではなく、「一元主義的な多元主義」とでも言うべきかもしれない。

このような多元主義の下では、一見、多元化が是認されているようでいて、各宗教の信念体系の絶対性を脅かす可能性も考えられる。事実、ヒックは、諸宗教が対話を通じて、自らの教義を反省し、場合によっては、各宗教の教義の修正も行なわれるべきであるとも述べている。[29] 排他主義や包括主義を乗り越えて提唱されたはずの多元主義が、世界の様々な宗教的伝統を実在への応答という形で一元的に捉えることによって、今度は逆に、世界の様々な宗教的伝統に対して排他主義・包括主義的な立場を押しつけてゆく危険性もある。前述のように、宗教多元主義を「文化的帝国主義」と同種の性格をもつものとして、激しく批判する論調も存在している。その是非はしばらく措くとしても、ヒックのような諸宗教の共通点を強調する多元主義が、各々の宗教のもっている独自性を軽視しがちであることは否めない。そして、そのような多元主義が実際の宗教の同意を得ることには多くの困難が伴うであろう。

第三の問題点――「偉大な世界信仰」という概念

第三の問題点は、ヒックが自らの理論を提唱する際に対象とした具体的な宗教に関してである。端的に言うと、ヒックは宗教を「偉大な世界信仰」と呼ぶ特定の宗教だけに限定している。その理由は、それらの宗教に、共通の知識を背景にして論じることのできるような十分な情報が得られるからと説明されている。(30) つまり、「偉大な世界信仰」以外の宗教には、比較するのに十分な情報がないというのである。仮説の提示にとって、その仮説を帰納的に生み出す対象を限定することは必ずしも問題にならないかもしれない。しかし、仮説が提示された以上、その仮説が他の対象にも妥当するのかを検証する必要はあるだろう。ところが、ヒックはその対象を「偉大な世界信仰」以外に広げようとしている形跡はないように思われる。

言うまでもなく、ヒックの言う「偉大な世界信仰」以外にも多くの宗教が存在している。他方、ヒックは、マルクス主義やヒューマニズムなども、宗教的な側面から捉えられる可能性を指摘しているが[31]、それらに具体的に言及せず、いわば先送りした形になっている。したがって、それらの宗教形態が、ヒックの提示する事実上の宗教の定義「実在に対する応答」という捉え方と実際にどう関係づけられるのかが問題として残されているのである。

さらに近年、いわゆる既成宗教とは一線を画する宗教現象も指摘されている。ルックマンの呼ぶところの「見えない宗教」(Invisible religion)の存在や「ニューエイジ運動」[32]などである。これらの宗教現象は、「聖なる事物に関する信仰と行事の連帯的体系」(デュルケム)や「人類の完全な原初の世界に回帰する欲求表現」(エリアーデ)などといった従来の宗教的な枠組みでは十分に説明できないのではないかと思われる。社会が複雑に変動するのに伴って、宗教現象も多様な変化を遂げている。現代や未来における宗教状況というものを考慮するならば、これらのような新しい宗教現象をどう理解してゆくのかという方がむしろ重要な課題になってくるように思われる。

したがって、宗教の多元的状況に応える形で展開され、現代的な宗教理解を目指しているはずの宗教多元主義が依然として、既成の宗教のみを対象とし、たとえば神や宇宙の真理など、あるいはそれらへの信仰などといった、それらの宗教がもっている価値観のみにとどまっているのであれば、現代におけるダイナミックな宗教現象を説明する理論となりえるのか大きな疑問となるだろう。そして結局、宗教現象そのものを説明する宗教理論としては十分な意味をもちえず、厳密な意味で言えば、宗教多元主義ではなく、単に「偉大な世界信仰」の多元主義を意味するものになりかねない危険性もあると思われるのである。

第四章　非通約的宗教多元主義
――カブとパニカーの主張を中心として

本章では、宗教多元主義のもう一つの形態である非通約的宗教多元主義について考察することにする。第一章でも述べたように、非通約的宗教多元主義とは、諸宗教を通約して得られる共通性から宗教を捉えることを拒否する立場であると言える。各々の宗教的存在の独自性を徹底して認めようとしている点から、文字通りの多元主義と言えるだろう。これまで「宗教多元主義」と言うと、ヒックの理論がまず第一に想起され、宗教多元主義をめぐる論争も依然としてヒック理論を中心に展開してきたように思われる。しかし、宗教多元主義の形態という点から見ると、ヒック理論は一元性を前提に置いた特殊な形態と言えるのであって、むしろ本来的な意味での多元主義というのはこの非通約的宗教多元主義の方を指すだろう。本書では、ヒック理論に代表される通約的多元主義と対等のウェートで非通約的宗教多元主義をも扱い、その代表的な論者であるカブとパニカーの宗教多元主義を取り上げることにしたい。

一　カブについて

ジョン・カブは幅広い分野にまたがる研究者として知られる。まず基本的にはキリスト教神学の研究者として知られているが、現代神学を代表する屈指の学者の一人に数えられている。つぎに、プロセス神学の指導的な人物としての側面ももっており、クレアモント大学院にプロセス思想研究所を開設し、その初代所長を務めている。そもそもプロセス神学（process theology）とは、アメリカ哲学界に偉大な足跡を残したホワイトヘッド（Alfred North Whitehead　一八六一―一九四七年）の主著『過程と実在』（*Process and Reality*）で説かれる「実在とはプロセスのことである」、「神はプロセスの一つである」という考えを承け、それをキリスト教神学にも応用してゆこうとする思潮である。本書では詳述できないが、この考え方は、従来の固定的・スタティックな実在観・神観念とは異なるユニークな発想で、しかも、仏教などの東洋思想や西田哲学とも深い部分で響き合う点があり、プロセス神学は、宗教哲学者、仏教学者など様々な立場の研究者からも注目されている。おそらく今後の宗教的思潮の展開において、その重要性はますます大きくなってゆくものと予想される。なお、カブはホワイトヘッドと密接な関係にあったアメリカ哲学界の重鎮ハーツホーン（Charles Hartshorne　一八九七―二〇〇〇年）の弟子である。さらに、プロセス神学研究から派生するテーマとして、環境問題などにも取り組んでいる。ちなみに、プロセス神学と環境問題がどう結びつくかというと、ホワイトヘッドは実在をプロセスと見なすことによって、従来の物質・精神を二分するような二元的発想を克服しようとしているからである。通常、地球は私たち人間とは異なるもの、つまり、生命のない自然として捉えられているが、ホワイトヘッド哲学においては、地球は他の生命と同様に、「生きている」と解釈される。これはけっして比喩的表現ではないのである。そしてさらにカブは、キリスト教と仏教の宗教的対話に関する有力な推進者として知られており、仏教とキリスト教比較研究学会初代会長を務め、また、『対話を超えて』(1)(*Beyond Dialogue*)などの著作も発表している。

一方、このカブは宗教多元主義者としての側面ももっている。カブはもともと宣教師の子として日本に生まれ、プロセス神学などの研究や仏教との対話などによって、自らの立場であるキリスト教と他宗教の関係をどう捉えるかという問題をたえず意識してきた。その意味で、それを是認するか否かは別としても、宗教多元主義という主張と何らかの形で向き合う必然性があったと思われる。

カブは自らを宗教多元主義者と規定しているが、その宗教多元主義はヒックのような諸宗教の背後に普遍的な宗教性を想定するような従来の宗教多元主義とはまったく異なっている。宗教多元主義を提唱する宗教多元主義者とそれに反対する反宗教多元主義者を二分すると、カブの立場は当然前者になりそうなものであるが、実際のところ、その立場は微妙である。たとえば、一九八六年にクレアモントで、世界の諸宗教の関係をどう捉えるかという問題に関心をもっているキリスト教神学者・宗教哲学者が一堂に集まって開催された会議がある。カブはもちろんこれに参加したのであるが、その会議の成果で、宗教多元主義への道を掲げる論文集 *The Myth of Christian Uniqueness* には寄稿しなかった(2)。そして、この論文集の後でそれに反発する形で出版された、デコスタ(Gavin D'Costa)の編集になる反宗教多元主義的な論調の論文集 *Christian Uniqueness Reconsidered* に多元主義者として寄稿している。このように、カブの立場は多元主義でありながら、ヒックのそれとは一線を画する独特なものである。新しい宗教多元主義の可能性を切り開こうとしているという点でも、その宗教多元主義は大いに注目されるだろう。

二　カブの問題意識

カブの宗教多元主義を具体的に検討する前に、カブにおいては、宗教というものを理解する上で背景となるような問題意識が存在している。本節ではまずその点を検討しておこう。

宗教本質論への批判

カブの問題意識は「宗教」という概念そのものに向けられている(3)。たしかに、多くの人々にとって「宗教」という概念が示す特徴や性格の一群があることは認められるだろう。しかし実際のところ、

「宗教」という概念は、それらの特徴や性格のすべてではなく、その一部だけが存在する場合にも用いられている。むしろ、その場合がほとんどと言ってよいかもしれない。たとえば、ユダヤ教、キリスト教、イスラームなどといったセム語族系の諸宗教と仏教を比較してみると、前者が神、しかも、強固な唯一神を保持するのに対して、仏教――とりわけ、初期の仏教――では、ブッダを超越的な絶対者とは想定していない。ブッダは人間やこの世界を創造した絶対者ではない。ブッダも人間であり、かつ、人間はブッダとなりうる。(4) しかし、そのような違いが存在するにも拘わらず、宗教学的な観点においても、また、一般常識的な観点のいずれからしても、仏教が「宗教」であることを疑う見方はほとんどないと言ってよい。

「宗教」という概念によって連想される様々な特性を一覧表にまとめることができるだろう。しかしその場合、仏教に関してまとめた表は、イスラームに関してまとめた表と重なりもし、違う部分もあるはずである。しかし、そのことは、一方の表が他方の表よりも正確であることを意味するわけではない。もし、そのように考えるならば、これらの表が多少とも対応するような客観的な事実の存在を前提にしていることになるだろうけれども、この概念が対応すべき「宗教」のプラトン的なイデアは存在しない。それはあくまでも、様々なコンテキストで実際に用いられることによって取得した意味内容を示しているにすぎないからである。

このような観点から、カブは、「宗教」が何であるかという議論がそもそも不毛であり、「宗教」と呼ばれるものが実際には存在していない、とさえも述べている。あるのはただ、伝統、運動、共同体、人々、信条、実践などであって、これらは、多くの人々が「宗教」という言葉で意味するものと関連づけている諸特性なのである。[5]

従来の宗教多元主義者への批判

カブはこのような観点から、従来の宗教多元主義者と反宗教多元主義者の争点を、宗教的な多様性の背景に自己同一的で明確な「宗教」の本質が存在するかどうかという点に求めている。そして、カブにとって従来の宗教多元主義者は、「宗教」に本質を想定することによって、キリスト教を他の宗教と同様に「宗教」として見なそうとする一派なのである。この場合の宗教多元主義者とは、実在という概念のもとに諸宗教を同位的に捉えようとするヒックとその周辺の論者たちを指していることは明らかであろう。

しかし、カブはそれに対して疑問を提起する。その疑問とは、「宗教」に本質があると仮定するこれらの人々の間で、実はこの本質が何であるかについての共通見解が得られていないというものである。[6] たしかに、ヒックは「宗教」について「実在に対する応答の諸形態」という理解を打ち出し、宗教の本質を実在への指向によって展開される自己中心的な発想からの脱却という点に求めているけれども、その理解が必ずしも宗教多元主義者たちの共通見解として認められているわけではないであろう。ヒックの立場に同調しながらも、実在を想定しないような宗教多元主義者たちも多い。カブによれば、世界の諸宗教が、ある本質を共有し、また、「宗教」として——つまり、「宗教的」であることが中心的な課題であるようなものとして——理解されるという仮定には明確な根拠が存在しないと指摘する。(7) たしかに、私たちにとって、仏教やキリスト教を「宗教」と捉えることには何の違和感もないだろう。そして、そう捉えることによって、それらの存在を理解できているつもりでいるのであるが、カブはそのような理解がはたしてそれらの存在にとって本当に意味のあることなのかを問題にしているのである。

カブからすれば、従来の多元主義者たちは「宗教」の本質が何であるのかという問題を十分に詰めることなく、安易に宗教本質論に立脚しながら、世界に様々な「宗教」が存在するという多元的状況と、一つの「宗教」であるキリスト教が他の「宗教」に優越するものではないという結論を受け入れているにすぎない。そしてそのような理由からして、そこから出てくる宗教多元主義は、結局、現実の宗教的存在との十分な接点とそれらの存在に対する十分な説得力を伴うことなく、空虚な理論として展開されることになると指摘するのである。

三　カブの宗教多元主義

本節では、以上のような問題意識を踏まえた上で展開されるカブの宗教多元主義について検討することにしたい。

より根本的な多元主義

カブは「宗教」の本質を認めて疑わない従来の多元主義を批判しているのであるが、それではカブ自身が提唱する多元主義とはどのようなものなのであろうか。彼はまずそれを従来の多元主義に対比する形で「より根本的な多元主義」(more fundamental pluralism) と呼んでいる。[8] そして、それは具体的には「それぞれの宗教が自己の本性や目的を自分で定義し、その多元主義の枠内で様々な宗教的な要素が果たすべき役割を自分で定義することができる、という類の多元主義」と規定されている。[9]

ここでは、諸宗教がその本性、目的、役割などを自分で定義することにポイントが置かれている点が注目される。「自分で定義する」というのは、言い換えれば、他者との関係を通じて、それらを通約したような本性、目的、役割などを導出しないことを意味しているだろう。言うまでもなく、そこからは、「宗教」という概念や「宗教」の本質という発想が出てくることはない。

その意味で、カブの言う「より根本的な多元主義」とは、個別の宗教――この場合の「宗教」とは宗教の本質を想定しない、多少の類似的な特性をもつもののことである――が、他者との比較を通じた、いかなる普遍化・一般化をも被らず、自立的に存在していることを認める立場と考えることができるだろう。

概念相対主義への批判

しかし、このカブの立場は概念相対主義（conceptual relativism）という思潮に類似するかもしれない。相対主義にも多様な形態があるが、概念相対主義とは、人間は自らが属する文化に固有の概念枠（conceptual scheme）に依拠しているため、普遍的な真理を主張することはできないという考え方である(10)。たとえば、私がいかに特定の見方を離れて、自由に思考し、発言したつもりでいても、その思考に使用される概念が日本文化で固有の位置づけをもつ概念であるかぎり、日本以外の文化に属する人に、はたして厳密な意味でそれを理解することができるのかという問題が出てくる。これを宗教との関連で位置づけ直すならば、個々の宗教には信念やそれに基づく教義・規範に関する絶対性主張が見いだされるが、それらの主張は普遍的に妥当性をもつものではなく、まさしく、それらを主張する宗教的伝統の枠内においてのみ有効であるにすぎないということになるだろう。

これに対して、カブは自らの宗教多元主義と概念相対主義との類似性を必ずしも否定していないけ

れども、実際には、つぎに挙げる二つの理由によって、概念相対主義を批判している。(11)

まず第一の点は、概念相対主義がそれぞれの宗教を公平に評価するように見えながら、実はすべての宗教の主張を損なう可能性があるということである。というのも、様々な宗教はみな何らかの形で普遍性を主張しているからである。たとえば神観念について、概念相対主義は、ユダヤ教では一神教を主張し、ヒンドゥー教では多神教を主張しているなどと記述するであろう。もちろん、それは間違いではないのであるが、そのような主張を保持する宗教にとっては、一神教が多神教に対して、また、多神教が一神教に対して、相対化された形で提唱されているわけではない。それらの宗教の保持する神観念は、その各々にとっては、いかなる限定・相対化をも必要としない世界的なヴィジョンにほかならないのである。ところが概念相対主義は、諸宗教の絶対性主張を何の断りもなく相対化してしまう危険性があるのである。

つぎに第二の点として、概念相対主義が、信念とそれに基づく教義・規範をスタティックで、自己完結的な体系であるかのように描写する点が挙げられている。たとえば、キリスト教の場合を例にとってみても、私たちが「キリスト教」と呼んでいる当のものが、成立当初から今日に至るまで、まったく同一の形態として存続していると考えられるであろうか。成立当初のユダヤ教の一派としての色彩の強いキリスト教、ギリシャ的な思惟を受容して、ヨーロッパを覆う普遍的な宗教となったキリスト教、世俗化現象にさらされている近現代のキリスト教はけっして同じ「キリスト教」とは言えない。

個々の宗教は、時代状況に関わりながら、たえずその姿を変えてゆくというのが実情であろう。現代では、仏教やキリスト教などの宗教をあえて「仏教的伝統」や「キリスト教的伝統」などと「伝統」(tradition)という概念を付加して記述する場合が多いが、これは仏教やキリスト教などがその概念の通りに、スタティックなものとして存在するのではなく、常にダイナミックに存在している点を強調するためのものである。ところが、概念相対主義に基づき「キリスト教とは何々である」と指摘する時、その歴史的な変遷がすべて捨象されてしまう危険性があるとカブは指摘する。「宗教」というものは実は存在しないとカブは語ったが、その延長で極論するならば、歴史を超越した自己同一的な「キリスト教」というものも存在しないとさえ言えるのである。

宗教間対話の意義

このように、カブは宗教本質論のみならず概念相対主義も受け入れられないものであると指摘し(12)、この二つの見方の超越を意図しているのである。そして、それを可能にする根拠となるのが、「自己の伝統が現実の重要な諸局面を把握したことを信じつつも、現実の総体はつねにそれ以上のものであると信じる」ことである(13)。

まず「自己の伝統が現実の重要な諸局面を把握したことを信じ」ることというのは、どのような宗教であれ、宗教的存在は、自らが真実を説いているという確信をもっているということを意味している。もしこのような確信がないとすれば、およそ宗教的な信念は成立しないであろう。しかし、もしこの確信だけにとどまるとすれば、それは、自らが信仰する宗教だけが正しく、それ以外の宗教の主張を何も認めないという宗教的な排他主義へとつき進んでゆく可能性があるだろう。そこでカブはつぎに「現実の総体がつねにそれ以上のものであると信じる」と述べる。

この主張は、キリスト教に関して言えば、十分適用可能なものであると思われる。たしかに、キリスト教では聖書にすべての真実が示されていると主張しながらも、それでもなお、現実は語り尽くせないものなのであるという見方が存在している。たとえば、聖書そのものにも、イエス自身の発言として「わたしには、あなたがたに言うべきことがまだ多くあるが、あなたがたは今はまだそれに堪えられない。けれども、真理の御霊が来るときには、あなたがたをあらゆる真理に導いてくれるであろう」というものが記録されている。(14) そして、三位一体論において聖霊という存在が想定され、キリストの死後もなお、神はこの世界に直接関与してゆくと考えられているのである。したがって、キリスト教では、聖書それ自体で現実のすべてが語られていると信じられている一方で、この現実には、たえず聖霊のなせる業としての神の奇跡が起こりうるという可能性も信じられているのである。

もっともカブはこのような形でキリスト教が他の宗教から学ぶべきであると説明しているわけではないし、また、キリスト教と同様に他の宗教がキリスト教から学ぶべきであることの妥当性を示しているわけでもない。カブはむしろ規範として、宗教は現実を完全に理解していると確信をもちながらもなお、その現実のもつ奥深さに対して敬虔な態度をもつべきであると表明しているように私には思われる。この世界には、ある宗教が提示する信念体系とは異なる宗教の信念体系が存在しているという事実がある。この事実を、単に虚偽なものとして排除するか、あるいは、理解してもなお余りある現実の神秘と捉えるかは、まさしく決断の問題にほかならない。そしてカブは、真摯な態度をとるかぎり、各々の宗教は対話を通じて他者に学ぶべきであると考えるのである。

前述のように、様々な宗教は自分でその本性、目的、役割などを定義すると位置づけられていた。それらを達成する能力においては、各々の宗教は他の宗教に優越する唯一性を保持しているという確信がある。しかし、その本性、目的、役割などを定式化して、それだけに固執するのではなく、「現実の総体がつねにそれ以上のものであると信じ」て、自己変革を志すかぎり、他の宗教から何かを学ぼうとする姿勢が生み出されてくるであろう。宗教間対話の意義もそこに存在すると考えられるというのである。つまり、カブにとって対話というのは、単にお互いが理解しあうようなものではない。それどころか、各々の宗教的存在の意義が自分自身によって、しかも、他に代え難いものとして位置づけられるという、カブが目指している「より根本的な多元主義」からすれば、そのような相互理解は単なる幻想にすぎないのである。このように、カブは対話をあくまでも自己変革の契機として捉えようとしている。なお、カブは著作『対話を超えて』でキリスト教と仏教の関係を扱っているが、そのタイトルは両宗教の対話を否定するものではなく、従来とは違う形の新しい対話、つまり、対話を通じた相互の自己変革を意図しているのである。

このように、カブの宗教多元主義は対話による自己変革と不可分の関係にあると言えるのである。

四　パニカーについて

さて本節からはパニカーの宗教多元主義を扱うことにしたい。パニカーはインド人の父とスペイン人の母の間に生まれた。父親はインド独立運動の活動家であり、母親は敬虔なカトリック教徒であったという点から、パニカーはヒンドゥーとカトリックという二つの異なる宗教的伝統の中で成長してきた。そして、主としてスペインで教育を受けながら、カトリック司祭となる。しかし、ヨーロッパ文化の中で成長しながらも、たえずインドという対極的な文化の存在を意識していたこともあり、キリスト教のみならず、ヒンドゥー教・仏教という東洋の宗教に深く通じた宗教哲学者として知られるようになった。これまでにマドリード大学、ローマ大学、ハーバード大学、カリフォルニア大学など、世界各地で百以上にも及ぶ大学で教鞭をとり――彼は十一カ国語を話し、六カ国語でものを書くことができると言われている――、三十冊の著作と三百本以上の論文などを発表するほど旺盛な活動を展開している。現在は、一年の半分をインドで、残りの半分をスペインで過ごすという生活をしている。(15)

このような特色から当然予想されるように、パニカーも、世界における宗教の多様性の解釈を問題とする宗教多元主義に多大な関心をもち、自らも宗教多元主義を提唱する論者として知られている。本章の第一節で前述した、ヒックらがクレアモントで開催した会議に出席し、その成果である論文集にも寄稿しているのである。しかし実際のところ、パニカーの言う宗教多元主義は、ヒック理論とは一線を画した、かなり異質なものであると言わざるをえない。端的に言うならば、パニカーは、諸宗教を通約、すなわち、諸宗教の比較を通じて、それらに共通する特性を導き出すという営為を問題視し、宗教多元主義のあり方そのものを捉え直そうとしているのである。これはヒックの宗教多元主義への批判にも十分なりうる側面をもっていると言える。私の考えるところでは、パニカーの宗教多元主義は、おそらくヒックの宗教多元主義とは両立不可能な関係にあるとさえ言えるのである。

このパニカーの宗教多元主義は、本書で扱っている通約的宗教多元主義、非通約的宗教多元主義という区分に当てはめて考えると、明らかに後者に属するものと言えるであろう。以下では、カブと同様に、非通約的宗教多元主義の代表として、パニカーの宗教多元主義を検討することにしたい。

五　パニカーの問題意識

まず本節では、パニカーの宗教多元主義の前提となる問題意識を検討することにしよう。それは大きく二つに分けて考えることができるだろう。

宗教の本質への疑問

その第一の問題意識は、宗教の本質の想定に関わる点である。パニカーは宗教の本質そのものをけっして否定しているわけではない。しかし、その本質がたとえどのようなものであれ、わたしたちを取りまく生きた宗教が本質そのものではない点を特に強調している。(16) キリスト教を例とするならば、キリスト的原理は普遍的な宗教性をもつものでなく、あくまでも、キリストによって与えられた世界的なヴィジョンにすぎない。しかし、それは、具体的で力強く、時には危険ですらある、現実的な存在なのである。パニカーは宗教を河水に喩えながら、「宗教的協調に到達するために、どの真正な宗教の教理をも水で薄めるべきでない」と主張する。(17) つまり、宗教的存在に対して宗教の本質を想定し、その側面からのみアプローチしようとするならば、かえって、宗教的なリアリティを喪失することにつながるとパニカーは警鐘するのである。宗教の本質を疑問視するこのような発想はカブの主張ともパラレルな関係にあると言えるだろう。そしてそれは、宗教的存在をまさしく「宗教」として捉えてゆこうとするヒックの宗教多元主義への批判ともなりうるのである。

存在の理解と存在のリアリティ

第二の問題意識は、宗教理解の問題を、存在を理解するとは何を意味するのかという哲学的な問題にまで深めて捉えようとしている点である。パニカーによれば、宗教的存在を含めて、そもそも存在というものが「ロゴス」、「知性」、「理性」などと呼ばれるものによって理解できるというのは、一つの仮定的な見解にすぎないと言う。(18) そして、その仮定に基づくかぎりにおいて、「存在とは何か」という存在の本質を問う究極的な問いが開始されることになる。

たしかに、ロゴスは存在と共存し、存在が何であるのかを語り、存在に対するイメージを私たちに形成してくれるであろう。人間はこのような営為の積み重ねによって知識を集積し、自らの生を充実させてきたし、今後もこのような営為は人間の生にとって不可欠なものである。しかし、パニカーはこのような理解を「存在の透明さ」(the transparency of being) と呼んでいる。(19) それは理性的に理解できるということであろう。端的に言うならば、このような理解は存在そのものに対するトータルな把握なのではなく、存在について人間理性が理解可能な部分を照らし出しているにすぎないのである。

「存在の透明さ」という表現は、当然のことながら、「存在の不透明さ (opaqueness)」を予想している。パニカーによれば、存在はそれが何であるのかということ以前に、そもそも存在がまさにそれ自身であるという意味での「自由」を本来的に伴っている。それはロゴス、知性、理性によっては把握されないものである。たとえば、「なぜ何もないのではなく、何かが存在するのか」(ライプニッツ『理性に基づく自然と恩寵の原理』)、「神秘的なのは、世界がいかにあるかではなく、世界があるということである」(ウィトゲンシュタイン『論理哲学論考』) というような哲学者の言がある。存在が何であるのかという存在了解は人間にとって、しかも、そのような了解をする自分に起こる出来事であろう。しかしながら、それが存在しているということ自体は、もはや自分を超えた何ものかの力によって生起したとしか思われず、したがって、そこに存在への驚異の念が生じることになる。パニカーが「存在の不透明さ」と呼んでいるものは、理性的認識によって知ろうとしても知りえない、このような存在の神秘性を指しているのである。

キリスト教を例にとるならば、キリスト教という宗教的存在がそれ自身であるということはリアリティそのものであり、その存在そのものを包摂して理解するようなロゴス、知性、理性はありえない。それと同時に、リアリティそのものであるキリスト教が、他の宗教とともに通約されることもない。もしそのような通約が行なわれたとしても、それはリアリティを損なうか、リアリティの認識とは別次元の問題と位置づけられるのである。

六　パニカーの宗教多元主義

以上のように、宗教的存在に対するパニカーの問題意識について検討した。本節では、その内容を承けながら、パニカーの提唱する宗教多元主義を扱うことにしよう。

パニカーにおける宗教の多元化と宗教多元主義の差異

ヒックの宗教多元主義について言えば、宗教多元主義は現代における宗教多元的な状況を説明する仮説としての理論である。したがって、宗教が多元的に存在するという意味での宗教の多元化と宗教が多元的に存在すべきであるという意味での宗教多元主義は同義であり、区別することは無意味であろう。ところが、パニカーの場合、宗教的なリアリティが通約不可能であるということを前提に置いていることから、この両者をまったく別なものとして区別し、宗教の多元化を拒絶した上で、それとは異なる宗教多元主義を提唱しようとするのである。

宗教の多元化という主張がなぜ拒絶されるかというとそれはつぎのように説明される。すなわち、宗教的真理について私たちがまず考えるのは、それが「ある」か「ない」かのいずれかであろう。「ない」場合についてはここでは対象外にすることとして、宗教的真理が「ある」場合、そのつぎに私たちが考えることは、それが「一つだけある」か「一つだけあるのではない」、すなわち「多数ある」かのいずれかであろう。宗教的真理が「一つだけある」と考える場合、その考えと多元主義は両立しえない。なぜなら、多数の宗教的真理の中でたった一つの存在だけを真理と見なすのであれば、多元主義は真理でないものを真理であると考えようとする点で誤りの是認にすぎないからである。そして、宗教的真理が「多数ある」と考える場合にも問題がある。たとえば、「神は一つである」という主張と「神は多数である」という主張は、「神が存在しない」という主張をあらかじめ除外しておけば、両立不能であり、どちらかが正しければ、どちらかが間違っているという関係にある。このような状況において、両方を正しいと認める多元主義は矛盾以外の何ものでもないだろう。

つまり、これらの記述から明らかなように、宗教的真理が「一つだけある」とか、「多数ある」というように考えることはディレンマにおちいる以外になく、宗教的真理をいかなる形であれ規定すること自体が無理であるということになるのである。したがって、パニカーは宗教的真理の多元的存在性を積極的に規定しようとする宗教の多元化を拒絶し、それとは一線を画する宗教多元主義を意図するのである。この点は、ヒックの宗教多元主義とは決定的に異なる点と言えるであろう。

それではパニカーの言う宗教多元主義とはどのようなものなのだろうか。以下ではそれを具体的に検討してみよう。

宗教多元主義の基盤としての三位一体論・梵我一如説

宗教的真理の多元的存在性を積極的な形では規定できないと言う以上、パニカーの説く宗教多元主義が宗教的真理の多元的存在性を規定しないものであることが示唆されているが、それは一体どういうことを意味するのであろうか。この点に関連して、パニカーは自らの宗教多元主義の理論的基盤として三位一体論と梵我一如説の存在を重要視している。

三位一体論についてはすでに第三章の第二節で触れているので詳細はそちらに譲るが、これは父なる神、子なる神、聖霊なる神が、三つの自存者（hypostasis）でありながら、同時に、一つの実体において一致すると捉える説である。なお、ラテン定式では、自存者は位格（persona）と、実体は本質（essentia）と呼び替えられている。

一方の梵我一如説（brahmātmaikam）はブラフマン（梵）とアートマン（我）が同一であると主張するもので、インド思想の中心的な考えの一つとして知られている。インドでは古来より輪廻という観念が広く人々に受け入れられ、どうしたらその輪廻から解脱できるのかが宗教的・哲学的問題の中心を占めていたと言っても過言ではない。この輪廻は、人間をはじめとする様々な生命に内在するアートマンが肉体の死とともに新たな肉体を伴って再生するという形で展開されるが、その輪廻からの解脱は、アートマンが実はこの世界を主宰する原理であるブラフマンにほかならないと認識することによって獲得される。そして、この認識が生じたとき、人間を取り巻く無知とその無知によって生じる現象世界は収束し、アートマンはブラフマンと一体になると言うのである。

三位一体論と梵我一如説の概要は以上のようなものであるが、パニカーが注目しているのは、これらの説の具体的な内容ではなく、その構造的な特色に関してである。前者の三位一体論は、その構造だけを取り出すならば、父、子、聖霊という異なる存在、すなわち、各々独立した存在がそのまま同一の存在であるという主張にほかならない。後者の梵我一如説は、この世界に無数に存在するアートマンが唯一のブラフマンと同じであるという主張である。つまり、これらの主張は、異なるものが同じであるということ、あるいは改まった表現で言い換えるならば、単一性と複数性の一致という類似した構造をもっていると考えられるのである。もちろん、これは私たちの日常的な論理から言えば自己撞着以外の何ものでもないだろう。AとBが異なる場合、AはAである以上、けっしてBではない。しかし、三位一体論も梵我一如説も、そのような日常的な論理では捉えきれない何かを伝えているのであると捉えることもできる。

パニカーはこの二つの説に示された単一性と複数性の一致にこそ自らの宗教多元主義の根拠を見いだそうとする。つまり、宗教的真理は「一だけある」のでもなく、「多数ある」のでもない。むしろ、そのような一義的な規定を超えたものであると。もちろん、このような考え方には賛否両論があるだろう。「単なる詭弁にすぎない」とか、「結局、何も主張していないに等しい」、「何を主張しようとしているのかわからない」等々、パニカー説への反対意見は容易に予想されるであろう。しかし、前述のように、パニカーは存在のリアリティという、まさしく私たちの理性的認識では理解しようのない「存在の不透明さ」という問題を扱おうとしている点に留意すべきであろう。

パニカーは三位一体論に関して、アウグスティヌスの「(三つの存在を各々)数え始める者は誤りを犯し始める」という言明を引用している。[20] 同一でも異なるのでもないという存在のあり方を説く三位一体論や前述の梵我一如説が示そうとしている何かは、パニカーにとっては、まさしく存在のリアリティの根幹に触れるものであると考えられている。そして、パニカーの説く宗教多元主義とは、そのような存在のリアリティに、理性的な認識とは距離を置く形でアプローチしようとする試みと言えるのである。

以上のように、パニカーの提唱する宗教多元主義について検討してきたが、彼の宗教多元主義は宗教に何らかの本質を想定することへの疑問から説き起こされる。これは、カブの場合と同様に、ヒックの宗教多元主義への批判としての位相をもつものと言えるだろう。というのも、ヒックの宗教多元主義は、諸宗教を実在に対する応答の諸形態と捉え、諸宗教の通約可能性を前提に成立していると考えられるからである。これに対して、パニカーは諸宗教を通約すべきではないと繰り返してやまない。このことは、宗教多元主義を提唱しながらも、宗教の一元的な理解を目指すヒックの立場が、個々の宗教的存在のリアリティを損なう危険性を指摘したものと思われる。

これに対して、パニカーの宗教多元主義は、宗教の通約可能性を拒否している点で、ヒックが提唱するような体系的な諸宗教の多元主義的神学とはなりえない。ヒックの立場に近いニッターが指摘しているように、パニカーの宗教多元主義はヒックのそれと明らかに「緊張関係」にあり(21)、そのためもあって、ヒックのような諸宗教の多元主義的神学の構築を目指す宗教多元主義者たちからは「曖昧な宗教多元主義」と批判される場合があるが(22)、他方、宗教多元主義への批判者たちからは注目されている(23)。いずれにせよ、パニカーの宗教多元主義が宗教多元主義をめぐる論争において一際異彩を放っていると言えるのである。

七　非通約的宗教多元主義の問題点

非通約的宗教多元主義はヒックの理論に代表されるような通約的多元主義を問題視し、それに替わる新たな宗教多元主義として提唱されるに至っている。従来、「宗教多元主義」と言えば、事実上、ヒックの理論を指す場合がほとんどであったと思われるが、宗教多元主義がキリスト教神学あるいは宗教哲学の世界で確固たる市民権を獲得しつつある現在、宗教多元主義自身も現在以上に多様な形で展開される可能性があるし、実際に様々な理論が提唱されている。本章では、そのような新しいタイプの宗教多元主義を「非通約的多元主義」と名づけ、カブ、パニカーという二人の宗教多元主義を検討したのである。本節ではこの章の結びとして、この二人の宗教多元主義に関する問題点を指摘しておきたいと思う。

カブの場合

まずカブの宗教多元主義についてであるが、たしかにカブの言うとおり、従来の宗教多元主義者は、宗教の本質があるのか、あるとすればそれはどのようなものなのかという、宗教理解の根幹に関わる問題を十分に詰めているとは言えないだろうし、また、仏教やキリスト教などの宗教を「宗教」として捉えることに対する方法的な反省や意識も十分でなかったかもしれない。しかし、ヒックはそれらの問題を抱えながらも、一応、世界に様々な宗教が存在していることと、それらの宗教がどういう関係にあるのかを理論化し、説明することには一定の成果を収めたのではないかと考えられる。

それに対して、カブの宗教多元主義の場合はどうであろうか。カブは宗教の本質や宗教という存在そのものをラディカルに批判し、その存在性を否定してしまう。その結果として、カブの宗教多元主義は、自らが信仰する宗教とは異なる宗教をどう理解するかという他宗教理解の問題が理論としては進展することなく、宗教間対話という実践的な課題の中に解消してしまっているような印象を受ける。そして、カブにおける宗教間対話はお互いが理解するためのものではなく、自己変革という方向性に限定されてしまうのである。カブはこの自己変革を対話ならざる対話（＝beyond dialogue）の中心に据えようとするのであるが、AがBに学ぶと同時に、BがAに学ぶという双方向的な自己変革が成り立ちうる根拠は必ずしも明瞭でない。たしかにこれまでのキリスト教は、他の宗教と比べてもより顕著な形で他宗教理解という問題を重要なテーマと認識し、それに積極的に取り組んできた。その結果として、キリスト教が他の宗教から何かを学びうるかもしれないといった可能性も考えられるだろう。しかし、それはキリスト教の問題であって、他の宗教の問題ではけっしてない。そして、他の宗教がキリスト教から何かを学ぶべきであるということには明確な根拠もないし、第三者がそれを強制することもできないだろう。カブは著書『対話を超えて』の第六章で「仏教徒がキリスト教から学ぶことのできるもの」という一節を設けている。しかし私見によれば、これはけっしてキリスト教徒の発言すべきことでないように思われる。自己変革型の対話は自らの課題を対象とするかぎりには問題ないが、それを他宗教にまで及ぼすことは、たとえ、それが真摯な態度に由来するものなのであるといくら強調したとしても、他宗教に対する強制的な営為と受け取られる危険性があるだろう。

つまり、私が自己変革的な宗教間対話について問題視するのは、この見方が複数の宗教を横断するようなヴィジョンを生み出せないのではないかという疑問である。それは結局、このタイプの宗教多元主義が、実際には特定の宗教的立場にとどまってしまい、本当の意味で多元的な見方をとりえないのではないかという疑問を生じさせるのである。

パニカーの場合

パニカーの宗教多元主義については、端的に言えば、具体性に欠くという点が指摘できるであろう。パニカーは存在のリアリティは私たちの理性的な認識を超えたものであると言う。この発言は、理性的な認識を拒絶している点で厳密な意味では理解不能なのであるが、それでも、それが正しいものなのかもしれないという予感を与える。「霊性」とか「神秘」とはおそらくそのようなものなのであろう。しかし、日常一般の認識として、つまり、神秘的な体験や直感的な洞察などというものはここでは措くとして、私たちは理性的な認識を通じてしか理解ができない以上、理性的な認識を超えたものに対してさえ、それが理性的な認識を超えているということを理性的に認識せざるをえないのである。したがって、私は、パニカーの宗教多元主義に対して素朴な疑問を発せざるをえない。すなわち、「存在のリアリティは具体的にどうしたら把握されるのか」、「宗教間の関係について具体的にどのようなヴィジョンを提示しているのか」と。しかし、これに対してパニカーは十分な解答を与えられないのではないか。というよりは、存在のリアリティが理性的な認識によっては捉えられないと述べてしまった時点で、解答を与えることが不可能であることを示してしまっている。したがって、パニカーの宗教多元主義に伴う具体性の欠如という問題は解決されないように思われるのである。

通約的多元主義の問題点が、諸宗教の共通点を強調しすぎて、各々の差異、独自性を軽視してしまう危険性にあるとすれば、非通約的多元主義の問題点は逆に諸宗教の独自性にとらわれすぎて、諸宗教を横断するような視点に立てないのではないかという危険性にあるだろう。それは、宗教多元主義が本来意図していた、世界に存在する様々な宗教をどう関係づけるという問題に対して有効なヴィジョンを生み出せないという欠陥へとつながってゆくのではないかと思われるのである。

第五章　反宗教多元主義者における他宗教理解
——デコスタとシュヴェーベルの場合

第五章では、宗教多元主義に批判的な論者たち——ここではそのような論者たちを便宜上「反宗教多元主義者」と呼称したい——の主張を扱うことにする。そもそも宗教多元主義を批判する論者にも様々な立場の人々が存在するが、本書が考察の対象としている反宗教多元主義者たちとは、自らが信仰する宗教以外の宗教への理解を拒絶しない人々である。それは第一章で扱った他宗教理解の類型論から言えば包括主義に属する人々と言えるだろう。彼らが意図しているのは、自らが信仰している宗教に対する確信を保持しながらも、同時に他宗教に対する前向きな理解がありうるということを示す点にある。このような立場の論者たちにとっては、ヒックの宗教多元主義のような、諸宗教をある一つの実在に感応する諸形態であるとして、共通性のみが重視され、各々の宗教のもっている独自性を軽視するような立場はあまりにも急進的で行き過ぎた発想であると考えられている。したがって、彼らは宗教多元主義——特にヒックの理論——を強く批判し、それとはまったく別の他宗教理解の方法を模索しようとしているのである。

その模索において三位一体論が大きな役割を果たしていることは注目すべきである。第三章の第二節で触れたように、三位一体論はキリスト論とともに、キリスト教の根幹的な教義であり、また同時に、キリスト教が他の宗教とは一線を画する特別な存在であるという認識の基盤ともなっていたものであった。そのような事情もあり、ヒックのような多元主義者たちは三位一体論に新たな解釈を与え、多元主義に合致するような形で捉え直そうとする。これに対して、宗教多元主義には批判的ではあるが、他宗教に対して前向きな理解を示そうとする人々も、多元主義者とは異なる形で、三位一体論を改めて捉え直そうとしている。これは三位一体論を、従来のようなキリスト教の絶対性を強調するような根拠としてではなく、以下で触れるであろうように、キリスト教と他宗教を結びつけるため、あるいは、キリスト教と他宗教が対等な立場に立つための根拠として捉え直そうとする試みである。それを象徴するかのように、前述のクレアモント会議でヒックらの宗教多元主義に同意できなかった人々は、お互いの考えを集めた論文集 *Christian Uniqueness Reconsidered* を出したが、その論文集の第一部は三位一体論をテーマとしているのである。

本章では、この三位一体論がどのように捉え直されようとしているのかについて具体的に注目しながら、デコスタとシュヴェーベルという反多元主義的な立場をとる論者たちの他宗教理解に関する主張を検討したいと思う。

一　デコスタについて

デコスタはインド生まれのカトリック教徒で、バーミンガム大学、ケンブリッジ大学に学んでいる。現在は西ロンドン高等教育機関上級研究員であり、また、イギリス国教会協議会やローマ・カトリック教会内で他宗教との対話委員会委員も務めている。彼はヒックの宗教多元主義に対する有力な批判者として知られているが、しかし、もともとはヒックのもとで研究し、ヒックの宗教多元主義に関する批判的研究で学位を取得している人物である。この辺の事情はなかなかわかりにくいものがあるが、研究上の対立は必ずしも人間的な対立を意味していないということなのだろう。たとえば、日本で出された『宗教多元主義の探究――ジョン・ヒック考』では、巻頭にヒック自身による「自分史」が掲載された後、デコスタを始めとする論者たちがヒック理論を批判的に検討する――それらのなかにはかなり辛辣な批判も存在する――という体裁をとっている。しかし、それはまったく問題になっていないのである。

このデコスタも前述のクレアモント会議に出席しているが、ヒックたちの立場には同調することができなかった。そのため、クレアモント会議の成果として出された論文集 *The Myth of Christian Uniqueness* とは別に、彼が中心となって編集した論文集 *Christian Uniqueness Reconsidered* が刊行されたのであった。この論文集は反宗教多元主義的な主張の現時点における集大成として位置づけられるものである。

二　他宗教理解の位相としての三位一体論

デコスタは、ヒックの宗教多元主義を批判し、(1) それに替わりうる他宗教理解のパラダイムとして三位一体論を見直そうと試みている。(2) そして、その見解を五種のテーゼとしてまとめるに至っている。本節では、この五種のテーゼの記述を具体的に検討し、デコスタが三位一体論というキリスト教における根幹的かつ伝統的な教義から何を引き出そうとしているのか追求してみたいと思う。

三位一体論に関する第一テーゼ

第一テーゼは「三位一体論的なキリスト教は、普遍性と特殊性を弁証法的に関連させることにより、排他主義と多元主義を退ける」というものである。このテーゼでは、三位一体論が（一）普遍性と特殊性を弁証法的に関連づける、（二）それを根拠として、排他主義と多元主義に陥ることを阻止する、という位置づけがなされている。ここで言われる「普遍性」とは救済が世界全体を視野に置いているということ、「特殊性」とは救済が「イエス・キリスト」という時間・空間を限定された特定の人物を通じて導かれる、ということである。

三位一体論は神とキリストを本質的に同一であるとしながら、同時に父と子であるという点で、相違した関係とも捉えている。そのため、神による世界全体を視野においた救済とキリストによる救済は、同一でありながら、かつ、相違するという関係にある。したがって、三位一体論の立場は、普遍性と特殊性という対立項を弁証法的に止揚したものとして位置づけられる、とデコスタは考えるのである。このような視点に立つかぎり、キリストによる救済をそのまま普遍的なものと考え、他の宗教による救済を否定するような排他主義とは一線を画することができるし、なおかつ、キリストによる救済をあくまでも世界における宗教的な現象の一事例として捉えるような多元主義とも距離を置くことが可能となる。これが第一テーゼの意図するところである。

三位一体論に関する第二テーゼ

第二テーゼは「聖霊論は、キリストの特殊性を人間の歴史における神の普遍的な活動と分離せずに論じることを可能にする」というものである。第一テーゼが神とキリストの関係を示すものであったのに対し、第二テーゼは三位一体の第三位格である聖霊の問題を扱っている。

デコスタによれば、聖霊とは、神自身が現臨するまでの期間、この世界に対してはたらきかけるたえざる自己啓示にほかならない。したがって、そのかぎりにおいては、神がキリストにおいて自己啓示したということは、神の自己啓示として歴史上に現出する無数の特殊性の一つにすぎない。神の神秘はキリストを通してだけでは知り尽くすことはできず、神の自己啓示は現在もなお進行中ということになるだろう。

しかし、重要なことは、第一テーゼに示されているように、歴史上のいつ、どこで行なわれるにせよ、聖霊として現出する神の自己啓示はキリスト――イエスは「まったき神」(totus Deus) と呼ばれる――に現われた神そのもののそれと位置づけられる。したがって、三位一体論で聖霊が説かれることの意味は、歴史上における神の自己啓示という普遍性とキリストにおける神の自己啓示という特殊性を恒久的に結び付ける点にあると言えるのである。このように、神、キリスト、聖霊の同一性を主張する三位一体論は、キリストにおける神の自己啓示が単に神の自己啓示における特殊性の一つに留まってしまうことを防ぐ役割を果たすことになる。

三位一体論に関する第三テーゼ

第三テーゼは、「キリスト中心的な三位一体論は、正しい存在の相として愛の関係をあらわす。したがって、隣人(ヒンドゥー教徒や仏教徒などを含む)への愛は、すべてのキリスト教徒の責務である」というものである。デコスタによれば、三位一体論は、存在の正しいあり方が、父と子の愛を模範とするような愛の交わりにあることを教えていると言う。したがって、キリスト教徒は、自らの信仰共同体だけにかぎらず、他者との交わりにおいて、その愛の実現に向けて努力しなければならない。ここにキリスト教徒にとって隣人愛という責務が生じる。「キリストの弟子」という身分に与るキリスト教徒とは、イエスによって例示された愛のあり方を生きる者のことにほかならず、この愛のあり方を通して、神との交わりへと召されている。つまり、隣人への愛は神への愛そのものということになるのである。

三位一体論に関する第四テーゼ

第四テーゼは、「キリストの規範性は、十字架の自己犠牲的な愛の規範性を内含している。実践と対話」と、やや謎めいた形で示されているが、デコスタの言によれば、第三テーゼが非キリスト教徒の隣人となって愛に基づいた関係を築くというキリスト教徒の責務の背景を示しているのに対して、この第四テーゼは、「隣人愛」を隣人のための自己犠牲的で受苦的な行為であると特定して、その優先性を位置づけるものである。(3)

デコスタは「ルカの福音書」(第十章・第二十九―三十七節)に見られる「サマリヤ人の比喩」の記述に注目しながら、イエスの語った「隣人」が、傷ついた者に「あわれみを示した者」であったと規定する。(4) 隣人は苦難・貧困・弱さに虐げられている者に対して敏感でなければならない。そして、その愛のモデルとして、十字架の死で終わるイエスの生涯を取り上げることができる。十字架の死は、世間的な権力よりはむしろ弱さを、支配や強制よりはむしろ苦難の奉仕を、そして、犠牲を顧みずに神の意志に従うことを要点としている。その意味で、イエスの生涯は自己犠牲的で受苦的な愛の規範を示している。このようにして、キリスト教徒の責務としての隣人愛の履行は、イエスの生涯によって示された自己犠牲的で受苦的な行為を規範とすることになる。デコスタは第三テーゼで、愛の交わり、さらには、神への愛をそのまま隣人愛と同一視していた。これはキリストの生き方を規範とするからである。

しかし、キリストによって示された自己犠牲的な愛はあくまでも隣人愛の規範にほかならない。それを自らのものとするためには「実践」を必要とする。さもなければ、隣人愛は時に隣人に対する権力や支配や強制に転化してしまう危険性さえある。このようにデコスタは考える。「ミッション」の名のもとに遂行された植民地支配、異教徒の迫害など、そのような転化の事例を私たちはいくつも挙げることができる。このような転化を防ぐためにも、「実践」を必要とするのである。自らの置かれた状況——デコスタはこれを「聖霊のはたらき」によるとする——に応じて、キリストの生涯を規範としながら、自己犠牲的な愛と奉仕に努める。そこにこそ、隣人愛はたえず新しい表現を獲得するのである。

さらに、ここから、他宗教の信仰者との「対話」の意義も引き出される。「キリストの弟子」であるがゆえに実践される自己犠牲的な愛は、他の宗教信仰者との共同を要請する。あらゆる形態の抑圧や苦難からの解放のために他の宗教信仰者と共同し、また、相互の連帯を通じて、抑圧や苦難の起こる諸形態を見いだしてゆくことは、キリスト教徒にとって宗教間対話の一つの正しいあり方である。このようにデコスタは主張する。

これに関連して、デコスタは宗教多元主義者たちによる実践と対話へのパースペクティヴを批判している。たとえば、ニッターの場合、救済主義的な観点から、個々の宗教的な違いを超えて、普遍的に説かれる「神の国」とその正義の重要性を強調している。(5) しかし、そこからは、救済へと向けた実践の要請は引き出されないし、それが、キリスト教徒に対して切実な神学的問題として迫ってくることもない、とデコスタは批判する。

前述のように、イエスの生涯はキリスト教徒に自己犠牲的な愛というものが何であるのかを教えてくれている。しかし、それはあくまでも規範であって、その弟子となるためには、自らの置かれた状況、すなわち、聖霊のはたらきによって参与する程度に応じて、自らが、その愛について新たな表現を生み出してゆくしかない。ところが、宗教多元主義者たちは、キリスト、聖霊、そして、神さえも飛び越して、「神の国」やその正義について直接語ろうとする。実践はその実践性を奪われ、あくまでも理論的な規範として存在しているにすぎないのである。

キリスト教にとって実践が神学的な問題として迫ってくるのは、キリスト教徒がキリスト教以外の宗教の信仰者たちと共にはたらくという実践の場において、キリスト教以外の宗教が押し進める「神の国」とその正義が、自らの限定的な理解にほかならない「神の国」とその正義とどう違うのか、さらに、他宗教という形で顕現している「聖霊のはたらき」をどのように認識するのか——それは、他宗教の提示するものがはたして「聖霊のはたらき」なのかという見極めも含むだろう——という問題について根本的に自問するという点にある。つまり、実践は対話という弁証法的な契機を必要としているのである。

以上が第四テーゼの意図する内容であり、キリストによって示された自己犠牲的な愛を規範としながらも、実践と対話を通じて、たえず隣人愛に新しい表現を与えてゆくことがキリスト教徒の責務であると位置づけているのである。

三位一体論に関する第五テーゼ

第五テーゼは、「教会は聖霊の審きの下にある。もしも聖霊が世界の諸宗教のうちにはたらいているのであれば、諸宗教の存在はキリスト教徒にとって決定的に重要な意味をもつ」という形で示されている。このテーゼでは、第四テーゼに関連して言及された「聖霊のはたらき」と他宗教との関係がより明確にされている。

デコスタはまず聖書にあるイエス・キリストのつぎのような発言に注目する(6)——「わたしには、あなたがたに言うべきことがまだ多くあるが、あなたがたは今はまだそれに堪えられない。けれども、真理の御霊が来るときには、あなたがたをあらゆる真理に導いてくれるであろう。……（以下、筆者による省略）」――。デコスタはこの言明を根拠にして、神はキリストにおいて自らを決定的に啓示したとされるが、それでもなお、神の豊かさと深さは完全に明らかにされたわけではない、と主張する。この主張は、聖書の絶対的な権威を認め、かつ、キリスト以後に説かれることがキリストのものであることを認めながらも、聖書の自己完結性、つまり、すべての是非は聖書に書かれている記述のみにその判断が求められることを認めていないという点で、キリスト教神学、特に、聖書中心主義的な神学には、かなり刺激的なものと言えるだろう。それはともかく、キリストのこの言明中の「御霊」は真理へと導く福音を知らせる存在であり、その福音は「父」である神のものであると同時に、「子」であるキリストのものである。そして、この御霊こそが三位一体の神の第三位格である「聖霊」にほかならない。キリスト教徒はキリストの死後もなお、神の絶えざる自己啓示――それは同時にキリストのものでもある――に接していることになるのである。

以上のような三位一体論的な立場に基づくかぎり、人類の歴史、もしくは、その歴史の方向づけは「聖霊のはたらき」という形で展開される神の自己啓示として位置づけられることができる。したがって、キリスト教以外にも様々な宗教が存在し、それらを通じて救済される人々が存在しているという事実は、それが「聖霊のはたらき」として捉えられるかぎり、キリスト教にとって決定的に重要な意味をもっている。それは、キリスト教とは異質な宗教にも多少の理解を示すといった程度の意味ではなく、それらを理解しないことには、キリストが説き残し、「御霊」が告げるものを看過することになり、キリスト教の自己完結性が保持しえないほどに本質的な意味として提起されるのである。聖霊のそのような意義を考慮するかぎり、イエス・キリストの使徒たちの権威継承を自認する教会さえも、その支配下に置かれることになるのである。

ただし、この第五テーゼには重大な問題が含まれている。それは曖昧模糊とした「聖霊のはたらき」をキリスト教徒がどのようにして認識するかという問題である。「聖霊」の名のもとに、キリスト教以外の宗教的な営為の何もかもを受容するわけにはゆかないだろう。この世の中には、神の権威を簒奪するような存在さえも現われることがある。ティリッヒの言う「デモーニッシュなもの」(das Dämonische) のことである。(7)

デコスタ自身はこの問題を直接取り上げてはいないが、他宗教の信仰者とはたらくことと共に、時には対立することもある点に言及している。実践と対話が必ずしも実りのある成果を生み出すわけではない。時にはこの「デモーニッシュなもの」との対決を迫られることもある。

前述のように、デコスタは、「キリストの弟子」たる身分に与ろうとするキリスト教徒である以上、キリストの自己犠牲的な愛を規範とすると主張した。とすれば、キリスト教以外の宗教的な営為が「聖霊のはたらき」であるかどうかを認識する根拠は、それが自己犠牲的な愛に合致するかどうかという点に求められるであろう。しかし、それでも問題は残る。両者が合致するかどうかの判断はどのように行なわれるのであろうか。

　この点に関して、中南米を舞台にした解放の神学者とヴァチカン法王庁の抗争を想起せずにはいられない(8)。イエス・キリストの使徒たちの権威継承を自認するローマ・カトリック教会の権威さえも公然と否定した解放の神学者たちの活動は、当初、反キリスト教的とみなされた。したがって、ローマ法王は、解放の神学者たちを喚問し、破門しようという挙に出たのである。しかし、ローマ法王自ら、独裁政権下で抑圧されてきた人民の惨状を目の当たりにし、度重なる弾圧にも拘わらず、祖国を救済するために闘争を続けてきた解放の神学者たちによる活動の意味を理解することができた。そして、ローマ法王は、解放の神学者たちの活動がキリストの身をもって示した自己犠牲的な愛に合致すると判断したのである。

　この事例はキリスト教内部の問題であるが、これをキリスト教とそれ以外の宗教の関係に置き換えることは可能である。そして、この事例から、ある営為がキリストの生涯を規範とした隣人愛に合致するかどうかは、最終的には、個人の主体的な判断に委ねられるということ、しかも、その判断はけっして一義的ではなく、絶えざる自己超克によって、つねに変化する可能性を含んでいる、ということがわかる。キリスト教徒にとって他宗教の信仰者は、未知なるものという意味で「他者」である。しかし、他者への認識が深まってゆくことによって、それまでの判断が変化してゆくこともありうる。むしろ、一義的な判断に安住せずに、自己の判断が他者との実践と対話を通じて、たえず超克されてゆかなければならない点が重要なのである。デコスタは隣人愛がたえず新しい表現をとりうると述べているが、(9)この発言はそのようなコンテキストに置いてこそ十分な意味をもちうると言えるだろう。

以上がデコスタの提示する五つのテーゼの内容である。他宗教理解の根拠としての三位一体論というパースペクティヴから、その要点を捉え直せば、つぎの三点にまとめることが可能である。

第一に、三位一体論は、世界救済という普遍性と神のイエス・キリストにおける自己啓示という特殊性とを結びつける理論的な根拠として位置づけられる。それは、キリスト教を宗教の一形態として定位しようとする宗教多元主義を克服する根拠として位置づけられる。

第二に、三位一体の位格間は愛の関係にあるとされ、神への愛は、キリストが「あわれみを示した者」と規定する隣人愛と等置される。この隣人愛はキリストの自己犠牲的な愛を規範としつつ、その履行が責務としてキリスト教徒に求められる。そして、その規範の具現化には、弱者にあわれみを示すという実践と他宗教の信仰者たちとの対話を通じた持続的な自己超克が要請される。

第三に、本来、神とキリストのものであるが、キリスト自身が説かなかったものを説き示すものとして、三位一体中における聖霊の重要性が指摘され、キリスト教以外の宗教が「聖霊のはたらき」の顕現である可能性を認める。その聖霊は教会さえその支配下に置くのである。

このように、デコスタは、三位一体論という伝統的な教義を他宗教との実践と対話への可能性を開くものとして、積極的に捉え直している。それは同時に、宗教多元主義によるラディカルなキリスト教の位置づけへの批判という側面をももっているのである。

三　シュヴェーベルのキリスト教理解

組織神学を専門とするキリスト教神学者シュヴェーベルもデコスタと同様に、三位一体論を宗教多元主義に替わる他宗教理解の可能性というコンテキストで捉え、かつ、「排他主義か、それとも多元主義か」という二者択一を避けることのできる、キリスト教的な観点に立つ「諸宗教の神学」(theology of religions) を提唱している。そして、この「諸宗教の神学」構築のための理論的な基盤として三位一体論を位置づけようと試みているのである。本節ではまずシュヴェーベルがキリスト教をどのように理解しているのか検討しておこう。

まず、シュヴェーベルは三位一体論的な視点に基づきながら、キリスト教信仰を「イエス・キリストにおける神の自己開示によって基礎づけられ、聖霊である神によって信仰者に確証されるもの」と規定する(10)。この規定は二つの論点からなっていると言える。すなわち、第一の論点は、キリスト教信仰が、イエスにおいて神が自己開示したことを信仰するものではなく、イエスにおいて神が自己開示したことを根拠として成立するという点である。つまり、神のイエスにおける自己開示は、信仰の対象ではなく、あくまでも信仰の基盤として位置づけられるのである。なお、第二の論点については後述しよう。

ところで、神が自らを「ナザレのイエス」という一人のユダヤ人に同化させたことを信仰の基盤とする以上、キリスト教は徹底して個別的であると言えるだろう。事実、キリスト教信仰の諸形態においても、また、具体的な礼拝の場においても、「正統」という点では、無時間的で永遠の神の存在は問題とはなりえなかった。結局、キリスト教はイエスの生涯を軸にしてのみ展開するのである。その意味で、『新約聖書』はキリストにおける出来事の証言にほかならないのである。

他方、神の啓示における個別性の強調――シュヴェーベルはそれをキリスト教の自己理解と捉えている――は、キリスト教信仰における神認識を独特な形で決定することになる。つまり、イエスが「父」と語りかけ、さらに、イエス・キリストにおいて自己開示する神とはイスラエルを舞台とする個別神にほかならないのである。その神は、契約の民を選び、自らの恵みの意志に信実な神として経験されるが、この「契約」こそ、イエス・キリストにおいて、信仰によって義とされる者に対して開かれたものとされる。したがって、『旧約聖書』で証言された「契約」という形で具体化する神の個別性は、キリスト教の福音を理解する上でも重要な基盤としてあり続けるのである。

それでは、「ナザレのイエス」という特定の個人に、かつ、イスラエルの神という特定の神が自己開示したとするキリスト教信仰が、なぜイスラエル以外の多様な文化的な環境で受け入れられることが可能だったのであろうか。シュヴェーベルはそれを、キリスト教信仰が「聖霊である神により信仰者に確証されるもの」である点に見いだしている。これが前述したシュヴェーベルによるキリスト教信仰に関する規定の第二の論点である。聖霊は、人々に対して神の自己開示の真実を確証させると位置づけられるが、その確証は、キリスト教信仰が徹底して個別的であるがゆえに、かえって多様な文化的背景をもつ人々の具体的な経験において個別化されるという形で展開してゆくと理解されているのである。

しかしながら、キリスト教信仰のもつ神の個別性の強調は、ある意味では「つまずき」と受け取られかねないし、シュヴェーベルもそれを率直に認めている。事実、歴史上においても「神の個別性を放棄せよ」という圧力にたえずさらされてきたのである(11)。しかし、それらは結局、正統的なキリスト教神学の認めるところとはならなかった。シュヴェーベルはその点を、「三位一体論的な神学の発展が示しているのは、神の個別性を保持し、創造の時空秩序に関与したり、人間と人格的なかかわりをもったりする神の行為を強調するために、教会がたゆみない努力を払った」というように、積極的な評価を与えている(12)。三位一体論は神を、三つの究極的な実体や三つの偶有として、ましてや、一つの神的実体の顕現形態として説くものではない(13)。それは、世界の創造者とされるイスラエルの神が「イエス」という一人の人間に自己開示し、さらに、その事実によって根拠づけられる信仰が、聖霊という神によって、個々の人々の具体的な経験において確証されるという、「一と多のダイナミックな関係」を保持している、とシュヴェーベルは主張する。(14)このような意味において、三位一体論はキリスト教信仰における神の個別性の基盤となるのである。

ところが、キリスト教信仰の場合、神の個別性そのものに神の普遍性の主張が盛り込まれているために問題が複雑になる。というのも、キリスト教信仰では、イエスにおいて自己開示したこの特定の神が、すべての存在と救済の源泉であるという確信をもっているからである。さらに、三位一体論的な理解によれば、神は、世界を創造するだけにとどまらず、創造世界の理性的な秩序の原理（ロゴス）であり、聖霊の神として、これに生命を与え、創造者へと応答せしめる能力の源とさえ位置づけられる。つまり、神によって創造されたという「被造性」は、単なる偶然としての存在性ではなく、神の創造世界との交わりにおいて成就されるべき目的を有していることを意味している。この目的とは、創造と救済を通して、全世界に成就と解放をもたらそうとする神の意志であるが、重要なことは、キリスト教信仰においては、その意志の実現が、イエスにおいて神が自己開示したことに集約されている点にある。神がイエスにおいて自己開示したことは、神とそれに離反した人間との関係修復を意味し、イエスを通じて、イスラエルとの契約関係を全人類にまで拡大させたと位置づけられる。その意味で、キリストにおける神の自己開示は、すべての存在と救済の源泉であるという神の普遍性の究極的な基盤とも捉えられるのである。

このように、シュヴェーベルはキリスト教信仰を、神の個別性とそれを根拠にして成り立つ普遍性という二つの視点から捉えている。そして、三位一体論を、神の個別性と普遍性をつなぐ機能をもつものとして位置づけている。この点は、前述のデコスタが第一テーゼで示した見解とも符合すると言える。ただし、デコスタが三位一体論を、個別性と普遍性を対等な立場で弁証法的に止揚する原理と捉えるのに対して、シュヴェーベルは、神の普遍性が神の個別性を前提としていると主張し、キリスト教における神の個別性の優越性をより明確に打ち出している点に、両者のニュアンスの違いを見いだすことができるだろう。

四　シュヴェーベルの「諸宗教の神学」

では、キリスト教信仰のこれらの特色と、シュヴェーベルがキリスト教的な観点に立って提唱しようとする「諸宗教の神学」はどのように結びつくのであろうか。

前述のように、シュヴェーベルは、神の個別性をキリスト教独特の信仰的な自己理解として捉えている。それなくしてはキリスト教信仰そのものが成り立たないほどに、キリスト教にとって重要な要素なのである。とすれば、「諸宗教の神学」は、まずキリスト教信仰の独自性を認めることから始められるであろう。しかし、そのことは同時に、キリスト教以外の宗教の独自性をも正当に評価することを必要とする。さもなければ、それは「諸宗教の神学」とはなりえないからである。しかし、「諸宗教の神学」は諸宗教を総括的に把握するような神学ではない。それに関連して、シュヴェーベルは個々の宗教的信仰の独自性を強調するとともに、「宗教」という一般概念によって諸宗教の個別性を過小評価するような還元主義的な理解を否定している。[15] これはおそらく、ヒックやニッターが提唱するような宗教多元主義を念頭に置くものであろう。

他方、キリスト教における神の個別性に立脚した神の普遍性の主張は、創造された世界そのものが神の意志の実現に向けられていることからして、この世界のあらゆる部分が神の活動の領域から除外できないことを意味している。もし、除外するならば、全人類の救済をもたらすべく、神がイエスにおいて自己開示したという理解を根底から否定することになりかねず、キリスト教信仰に基づくかぎり、神の意志に反するものとなるからである。したがって、神の普遍性は、諸宗教を理解するための神学的な基礎として考慮されるべきである。

このようにして、「諸宗教の神学」に関して、「諸宗教はすべてを包括する神の現臨と行為に対する人間の応答である」という見方が得られる。ここでは、キリスト教のみならず、他宗教の独自性とそれらを包括する神の普遍性が示されている。この見方は一見、「諸宗教は本性的実在に対する応答の諸形態である」というヒックの宗教多元主義の基本主張と酷似している。しかし、決定的に異なるのは、シュヴェーベルがこの見方を、前述のような三位一体論の構図を踏まえつつ、三位一体の神という特定の神がキリストにおいて自己開示したという事実と切り離せないと考えている点である。シュヴェーベルにとって、キリスト教における神の普遍性は、時間と空間を限定されたキリストにおける神の自己開示という個別性に根拠をもっている。この個別性を考慮しない神の普遍性の主張は、少なくともキリスト教信仰においては意味をもちえないのである。

では、この「諸宗教の神学」においてキリスト教以外の諸宗教はどのように位置づけられるのであろうか。シュヴェーベルは、この現実世界のすべてが神の意志の領域にある以上、諸宗教で提唱される救済の体系も是認されると明言する。それらの宗教において神が自らを啓示したという可能性を否定することはできない。しかし、シュヴェーベルは、神の啓示の多元性を認める神学的な可能性を否定する。そもそも、「啓示」とはすでに起こったことを指し示すタームである。それはキリスト教においては、神がイエス・キリストにおいて顕現したという事実にほかならず、その啓示によって、信仰が根拠づけられる。その意味で、神の啓示と信仰は切り離すことのできない関係にある。

したがって、キリスト教信仰者が仮に他の宗教における神の啓示を語りうるとすれば、それはせいぜい宗教現象学的なレヴェル――すなわち、宗教に関して、事実のみに関わり、価値に関わらないレヴェル――に留まらざるをえない。つまり、他宗教における神の啓示はキリスト教信仰者にとって、厳密な意味で理解不能なのである。もし、それが理解されるとすれば、神の啓示が信仰者の個人的な信仰を裏付けるという関係からして、個人的な生を規定する信仰が決定的に変化した「回心」という形でしかありえないとも述べている(16)。

シュヴェーベルの提唱する「諸宗教の神学」は、ヒックが提唱するような諸宗教の還元主義的な体系とはなりえない。キリスト教信仰者にとって神の普遍性はキリスト教における個別性を通じてはじめて意味をもつものだからである。そして、その普遍性によって他宗教はその視野に置かれる。もちろん、他宗教はキリスト教と同様に独自性をもつ。しかし、その独自性の認知はあくまでも、三位一体論的構造を前提としたキリスト教信仰に由来するのである。このような意味で、「諸宗教の神学」は、三位一体論に示された神の個別性とそれに根拠を置いた神の普遍性に立脚してはじめて成り立つことが可能な、世界の諸宗教に対する一つのパースペクティヴということになるだろう。

五　他宗教理解と三位一体論

以上のように、本章では、他宗教――ここでは特にキリスト教以外の諸宗教――を理解するための根拠として、三位一体論というキリスト教の根幹的かつ伝統的な教義に積極的な意味を見いだそうとする考え方があることに注目し、特に宗教多元主義に批判的なデコスタ、シュヴェーベルという二人のキリスト教神学者の主張を考察してきた。ここでは、そのまとめとして、宗教多元主義の立場との違いに触れておきたい。

三位一体論が改めて注目されるのは、それが、「神＝キリスト」という個別性と「神＝聖霊」という普遍性を同時に説く点に求められている。つまり、三位一体的な思考をキリスト教以外の諸宗教との関係に当てはめることによって、キリスト教とキリスト教以外の諸宗教とを結びつける可能性を開こうとしているのである。

前者の「神＝キリスト」という個別性の場合、信仰的な理解と客観的な理解の関係が問題となると言える。第一章で触れたように、キリスト教神学に大きな足跡を残したトレルチは、比較宗教学的な視点から、キリスト教がその存在の絶対性を主張することが客観的に不可能であることを明らかにした。しかしそれでも、彼は信仰的な理解としてのキリスト教の絶対性という余地を残していた(17)。これに対して、宗教多元主義の中心的な提唱者であるヒックは、キリスト教信仰の固有の価値を認めつつも――彼は自分がキリスト教徒であると述べている――、それと同程度の価値をもつ信仰が他の宗教にも見いだされると主張している。ヒックによれば、三位一体論の一側面である「神＝キリスト」は「神話」――さまざまな解釈を容れる余地のあるもの――の領域にある。そして、この「神話」には、イエスが神の啓示に感応できた優れた預言者である、という解釈を導入することができる。したがって、イエスのような預言者は世界の至るところに出現しうるし、現に出現したとも述べている(18)。ヒックにおいては、「神＝キリスト」という、キリスト教のもつ個別性は事実上解体していると言ってよいだろう。

これに対して、本書で扱ったデコスタとシュヴェーベルの二人は信仰の絶対性の廃棄を拒否している人々である。両者とも「神＝キリスト」を動かしがたい前提として受け入れ、そこからスタートしている。「神＝キリスト」はキリスト教信仰の核と言えるものであり、これを欠いて、キリスト教徒であることはありえない。その点はとりわけ、神がキリストにおいて自己開示したことをキリスト教信仰の前提に据えるシュヴェーベルの主張により先鋭的に表われていると言える。

一方、後者の「神＝聖霊」という普遍性の場合、神のはたらきであり、イエスの死後も、様々な形で作用するとされる「聖霊のはたらき」をどのように捉えるかが焦点になってくる。ヒックの場合、「聖霊」の名の下に、他宗教の信仰をキリスト教的に捉えることを押しつけがましい営為であるとして排斥している。(19) 仏教徒やイスラーム教徒などは「聖霊のはたらき」――それはキリストのはたらきでもある――によって現出した「匿名のキリスト教徒」(20) ではない。たとえ他宗教の信仰に積極的な価値を見いだすとしても、それをキリスト教的な視点から捉えるかぎりは、けっして宗教の多元的状況に十分応えられるようなパラダイムとはなりえないと主張する。宗教多元主義者の中には、サマルサのように、排他主義と包括主義に実質的な違いを見いださないような論者も存在しているのである。(21)

これに対して、デコスタとシュヴェーベルの二人は包括主義の視点に立っている。両者とも、他宗教の信仰をキリスト教信仰から捉えようとする点で共通している。それを支えるのが、「神＝聖霊」という三位一体論の一側面である。両者にとっては、キリスト教信仰を抜きにしては他宗教理解もありえない。それはけっしてヒックの言うような押しつけがましい理解なのではなく、(22) キリスト教の信仰者である以上、そうせざるをえないからである。両者とも、キリスト教とは異なる宗教の自立的な存在性を認めながらも、キリスト教信仰の絶対性を前提にしている点で共通していると言える。

ただし、両者には聖霊と他宗教との関係づけについての大きな違いも存在している。デコスタの場合、他宗教の信仰を聖霊のはたらきによるものとして積極的に取り込もうとしている。それは彼が、他宗教との実践や対話を通じてこそ隣人愛というキリスト教徒の責務を遂行しうると考えているからであろう。これに対してシュヴェーベルの場合、三位一体のもつ「神＝聖霊」という一側面からして、他宗教が神の啓示でありうることを認めるが、それ以上には進まない。信仰が啓示を前提としている以上、キリスト教信仰から他宗教信仰へと回心しないかぎり、キリスト教徒が他宗教における神の啓示を事実として認めることはできないと主張している。その点で、デコスタ以上に、他宗教信仰の位置づけに関して、いわばストイックな立場を保持していると言えるだろう。

宗教の多元的状況という現実を前に、キリスト教神学もその対応を迫られている。宗教多元主義の提唱とそれへの批判という形で出てきた論争もその一環にあると考えられるであろう。その論争の過程で、キリスト教の伝統的な教義である三位一体論も新たに見直される可能性をもっているのである。

むすびに

以上のように、本書は『宗教多元主義とは何か——宗教理解への探求——』と題して、宗教多元主義をめぐる様々な問題について考察を重ねてきた。この「むすびに」ではそのまとめとして、各章の概要を提示し、本書が掲げてきた宗教多元主義を宗教哲学との関連と捉えるというパースペクティヴから、改めて問題点を捉え直しておきたいと思う。

各章の概要

そこで各章で扱った問題とそれに対する考察結果を概括するならば、つぎのようになるだろう。

まず第一章では、宗教多元主義をめぐる論争において一般的な前提となっている他宗教理解の類型論について考察した。この類型論に対する本書での取り扱いの特色は、この類型論の本来意図する他宗教理解がキリスト教からそれ以外の宗教という一方向だけをもつものであったのに対して、任意の宗教がそれ以外の宗教をどう理解するかという全方向へと転回させたことにある。もしそのような形で転回しないのであれば、他宗教理解の問題も結局はキリスト教内部の問題にすぎなくなってしまうからである。

この類型論については、事実上、多元主義を他宗教理解における最良の立場として捉え、排他主義や包括主義を克服されるべき過渡期形態として捉えようとしている点が指摘できるだろう。ヒックの主張もこのような見方に同調し、さらに、ヒューマニズム的発想をも差し挟みながら、排他主義や包括主義の立場にとどまることがいかに人間的な狭小さを示しているかを強調しようとしている。しかし、このような幾分デマゴーグ的な論調はともかくとして、宗教的な信仰の実際のあり方という側面に注目するならば、排他主義も包括主義もけっして通過すべき過去の立場とは言えないように思われる。三つの類型的立場のうちで多元主義を選択すべきであるという見方が妥当であるのかどうかは今後も十分に検討されるべき課題なのである。

本章ではさらに、宗教多元主義をめぐる議論に明確な見通しを立てるために、宗教多元主義を通約的宗教多元主義と非通約的宗教多元主義とに明示的に区別し、ヒック理論だけが宗教多元主義なのではないということを強調した。

第二章では、宗教多元主義の成立要因について考察した。そのプロセスとして、まず従来挙げられてきた代表的な成立要因説を取り上げ、それらを批判的に検討し、さらに、宗教多元主義提唱の当事者であるヒック自身の証言にも批判的な検討を加えた。本書ではこれらの検討を踏まえた上で、宗教多元主義の成立要因を（一）キリスト教の変化、（二）グローバリゼーションによる他宗教との接触という二点に求めたのである。

第三章では、第一章で提示した宗教多元主義の一形態である通約的宗教多元主義を、ヒックの理論を代表的な事例として位置づけながら考察した。通約的宗教多元主義の特色はその名の通り、諸宗教に共通点を見いだし、その共通点に立脚しながら、諸宗教を捉え直すという点にある。ヒックが見いだした共通点とは、諸宗教がある一つの実在に応答し、それへと指向する過程において自己中心的な発想を超克するというものであった。ヒックはこの実在中心的な宗教理解を二重実在説によって根拠づけている。その結果として、ヒックは、世界に相異なる真理を主張する諸宗教が存在するということと、諸宗教は同一の目的をもっている点で等価であるという二つの主張を充足するような理論化を成し遂げたのである。もっとも、この理論には、従来の批判者が指摘しているように、そして、本書で触れたように、多くの問題が含まれている。特にヒック理論の要となる本性的実在の存在証明には容易には克服しがたい問題があると言えるであろう。しかしそれでも、ヒック理論は、ある宗教が他の宗教をどう理解するかという「諸宗教の神学」において、宗教多元主義に市民権を与えたという大きな功績があることは率直に認めるべきである。いかなる視点に立とうとするのであれ、私たちはヒック理論との対決なくして宗教多元主義を取り扱うことはできないのである。

第四章では、カブとパニカーという二人の論者の主張を代表として、非通約的宗教多元主義の特色を考察した。非通約的宗教多元主義は、成立経緯から考えれば、おそらく通約的宗教多元主義に後行するものであり、本来、通約的宗教多元主義への批判という動機づけをもっていると言えるだろう。事実、カブとパニカーの二人はいずれも宗教に本質を認める宗教本質論を問題視しており、それを超克する形で宗教多元主義の構築を試みている。これは明らかにヒックの宗教多元主義に対する批判であり、同時に、宗教多元主義という立場の徹底化をはかるものと見てよいだろう。

しかし、この非通約的宗教多元主義にも問題は存在する。たしかに安易な宗教本質論は斥けられるだろう。しかしその結果として、そこに残された「家族的類似性」的宗教概念を目の前にして、私たちは宗教についてどのようなヴィジョンを描くことができるのか、その意図するところが私には必ずしも明確ではない。結局カブは、諸宗教が行う真理主張に関する真偽問題を棚上げにし、宗教多元主義の問題を、対話を通じた自己変革へと解消させてしまっているような印象を受けるし、パニカーの説く、宗教の多元化とは一線を画する宗教多元主義は、世界に存在する諸宗教を具体的に展望する視点を欠いていると思わざるをえないのである。

通約的宗教多元主義が異質性にではなく、同質性に重点を置いているため、個々の宗教的存在の独自性を軽視してしまう傾向にあることは否定できないが、一方の非通約的宗教多元主義は、同質性にではなく、異質性に重点を置いているため、諸宗教を俯瞰しうる視点が存在する余地がなくなってしまったように思われる。その場合、仏教徒は仏教のことだけを、キリスト教徒はキリスト教だけを事とすることになってしまうのではないだろうか。それが本当に「より根本的な多元主義」と言えるのか私は疑問を感じざるをえない。

第五章では、宗教多元主義だけが他宗教を理解するためのパラダイムなのではないことを示すために、宗教多元主義を批判し、それに替わる新たなパラダイムを提示しようとしているデコスタとシュヴェーベルという二人の論者の主張を検討した。この両者に共通するのは、キリスト教の根幹的・伝統的な教理である三位一体論を新たに捉え直そうとしている点である。ヒックに代表される宗教多元主義者は従来の三位一体論を、キリスト教の絶対性主張を温存させるものとして危険視し、それを現代の宗教的な多元的状況に合致するような解釈を加えているが、この両者は、他宗教を尊重するために三位一体論を解釈し直すのではなく、むしろ、三位一体論にこそ他宗教から何かを学ぶ必然性を読みとろうとする。もちろん、両者にもスタンスの違いがあり、その特色は単純に概括することはできないが、デコスタは、三位一体論中の聖霊の存在を注視しながら、他宗教に学び、共に協力し合うことがキリスト教の自己完結にとって不可欠な営為であると位置づけるのに対して、シュヴェーベルは、三位一体論の示す個別性を前提とする普遍性の主張という観点から「諸宗教の神学」を提唱し、キリスト教以外の宗教にも救済がありうることをはっきりと認めるが、デコスタのように、他宗教理解へとは進んではゆかず、自制的な立場を堅持しようとするのである。

宗教多元主義と宗教哲学の関連

以上の結果を踏まえながら、本書の「はじめに」で示した、宗教多元主義を宗教哲学との関連において考察するというパースペクティヴから問題点を捉え直してみよう。

まず最初に、従来の宗教多元主義への批判がヒック理論のみに向けられてきたという事実を確認しておく必要があるだろう。そして、ヒック理論への批判は、(一) 宗教多元主義を認めない人々、(二) 宗教多元主義は認めるが、ヒックのような宗教多元主義を認めない人々という二つの異なる立場からなされていることに注意しなければならない。

もちろん、この二つの立場は異なるが、ヒック理論に対するそれらの批判には共通点が存在している。つまり、宗教多元主義をめぐる論争の最大の争点は、宗教の同質性や本質を認める見方が妥当なのかという問題に集約させることができるであろう。

(一) の立場にある人々は自らが信仰する宗教の絶対性を認める立場にあるから、当然、自宗教と他宗教の価値を同一視しようとするような発想は受け入れられないだろう。また、(二) の立場にある人々は、ヒックの宗教多元主義が、諸宗教の共通性に重点を置くあまり、諸宗教の独自性を軽視してしまい、本来的な意味での多元主義から逸脱しているとして批判し、それに替わるものとして、より根本的な多元主義を指向しているのである。

そして、この宗教の同質性や本質を認めるべきか否かという問題は、宗教哲学的な営為においてもそのまま当てはめることのできる問題なのである。「はじめに」で触れたように、宗教哲学は宗教の普遍性を前提にする営為にほかならない。もし個々の宗教的存在に同質性や本質が認められないとすれば、仏教やキリスト教などの特定の宗教だけにとどまらず、それを超えた宗教の普遍性を追求しようとするような、宗教についての哲学はその意味の大半を失ってしまうだろう。

宗教多元主義をめぐる論争における一大分岐点である、通約的宗教多元主義と非通約的宗教多元主義の二つが論点としている宗教の同質性・本質をめぐる議論は、そのまま宗教哲学の成立の基盤を左右しかねない問題の提起ともなりうる。そして、宗教哲学においても、通約的宗教多元主義に向けられる批判と同様に、宗教の同質性・本質というものの存在を安易に前提としていたのではないか、それして、宗教哲学を営む個人の立場によって諸宗教が恣意的に捉えられてきたのではないか、といった問題がクローズアップされてくるのである。しかし、非通約的多元主義が示すような、宗教の本質を否定し、その結果として出てくる「家族的類似性」程度に希薄化された宗教概念が、はたして人間の生にとっての「宗教とは何か」という強い問いを生み出してゆくことに耐えうるだろうかどうか。率直に言えば、現在の私はそのどちらとも答えることはできない。宗教哲学は、宗教多元主義をめぐる真摯な論争から学び、これらの点について改めて問い直してゆく必要があるだろう。

注記

注記の中ではつぎのような略号を使用する。

『探求』　間瀬啓允・稲垣久和編『宗教多元主義の探究』大明堂、一九九五年。

Interpretation　John Hick, *Interpretation of Religion : Human Response to the Transcendent*, New Haven : Yale University Press, 1989.

Problems　John Hick, *Problems of Religious Pluralism*, New York : St. Martin's Press, 1985.（邦訳、J・ヒック著、間瀬啓允訳『宗教多元主義――宗教理解のパラダイム変換』法藏館、一九九〇年）

Rainbow　John Hick, *A Christian Theology of Religions : The Rainbow of Faiths*, Louisville : Westminster John Knox Press, 1995.（邦訳、ジョン・ヒック著、間瀬啓允訳『宗教がつくる虹――宗教多元主義と現代』岩波書店、一九九七年）

Reconsidered　Gavin D'Costa (ed.), *Christian Uniqueness Reconsidered : The Myth of a Pluralistic Theology of Religions*, New York : Orbis Books, 1990.（邦訳、G・デコスタ編、森本あんり訳『キリスト教は他宗教をどう考えるか――ポスト多元主義の宗教と神学』教文館、一九九七年）

Uniqueness　John Hick/Paul F. Knitter (eds.), *The Myth of Christian Uniqueness : Toward a Pluralistic Theology of Religions*, New York : Orbis, and London : SCM Press, 1987.

（邦訳、ジョン・ヒック、ポール・F・ニッター編、八木誠一・樋口恵訳『キリスト教の絶対性を超えて
——宗教的多元主義の神学』春秋社、一九九三年）

［第Ⅰ章］

（1）これはヒックによる指摘であるが、認めてよいと思われる。Cf. *Rainbow* p. 18. ルイスによるこの類型論の説明についてはAlan Race, *Christians and Religious Pluralism*, London : SCM Press, 1983 ; Second edition, 1993を参照。

（2）Cf. Alvin Plantinga, 'A Defense of Religious Exclusivism,' In *Philosophy of Religion : An Anthology*, ed. Louis P. Pojman, Belmont, CA : Wadsworth Publishing Company, 1994.

（3）梅津光弘「倫理学的に見た宗教多元主義」『探究』一一〇—一一四頁を参照。

（4）*Rainbow* pp. 19–20.

（5）*Problems* p. 33.

（6）パネンベルクは、キリスト教における包括主義は神学的にはユスティヌス（Ioustinos 一〇〇—一六五年頃）によって確立されたものであり、さらに、その原理はイエス自身の教えに遡及できるものであると述べている。Cf. Wolfhart Pannenberg, Religious Pluralism and Conflicting Truth Claims : The Problem of a Theology of the World Religions, In *Reconsidered* p. 99.

（7）ヨーロッパのインド学者によってBrahmanismやHinduismというタームが作られた。日本の学界ではそれらを「バラモン教」、「ヒンドゥー教」と訳しているが、両者は独立した別個の存在というわけではなく、各々がインドの民族的宗教を漠然と指しているにすぎない。一般に「バラモン教」の場合、バラモンを頂点とする祭祀中心的な宗教形態を、一方の「ヒンドゥー教」の場合、バラモン教的な宗教形態が大衆化した形態を指すことが

多い。

（8） スミスの宗教多元主義については、Wilfred Cantwell D. Smith, *The Relationship between World Religions*, London : Sheldon, 1974, *do., The Meaning and End of Religion*, New York : Macmillan, 1963 を参照。

（9） ニッターの宗教多元主義については、Paul F. Knitter, *No Other Name ? : A Critical Survey of Christian Attitudes Toward the World Religions*, New York : Orbis Books, 1985 を参照。

（10） 本書では具体的に触れることができなかったが、トレーシーの宗教多元主義も新しいタイプの宗教多元主義として注目されるだろう。Cf. David Tracy, *Blessed Rage for Order : The New Pluralism in Theology*, Chicago and London : University of Chicago Press, 1996.

（11） *Rainbow* pp. 18–19.

（12） M. M. Tomas, 'A Christ-Centered Humanist Approach to Other Religions in the Indian Pluralistic Context,' In *Reconsidered* p. 58.

［第II章］

（1） John V. Apczynski, 'John Hick's Theocentrism : Revolutionary or Implicitly Exclusivist ?,' In *Modern Theology*, Vol. 8, No. 1, January 1992.

（2） *Rainbow* p. 32.

（3） *Rainbow* p. 33.

（4） Kenneth Surin, 'Towards a "Materialist" Critique of "Religious Pluralism" : A Polemical Examination of the Discourse of John Hick and Wilfred Cantwell Smith,' In *Religious Pluralism and Unbelief*, London and New York : Routledge, 1990.

（5）John B. Cobb, Jr., 'Beyond "Pluralism,"' In *Reconsidered* p. 84.

（6）*Rainbow* p. 37.

（7）Cf. The Dalai Lama, *A Human Approach to World Peace*, Boston : Wisdom Publications, 1984, p. 13.

（8）Cf. Mohandās Karamchand Gāndhī, *What Jesus Means to Me*, ed. R. K. Prabhu, Ahmedabad : Navajivan Publishing House, 1959, pp. 23, 31.

（9）『バガヴァッド・ギーター』IV—十一。

（10）*Interpretation* p. 233. ジョン・ヒック「自分史」『探究』十頁、同「日本の読者に」、ジョン・ヒック著、間瀬啓允訳『宗教がつくる虹——宗教多元主義と現代』（岩波書店、一九九七年）、vi、*Problems* p. 108.

（11）*Rainbow* p. 23.

（12）*Rainbow* pp. 22-23.

（13）ジョン・ヒック「自分史」『探究』四、九頁。

［第三章］

（1）*Problems* p. 11.

（2）若干の例として、「マタイによる福音書」第二十八章・第十九節、「コリント人への手紙II」第十三章・第十三節が挙げられる。

（3）リッチュルは三位一体論とキリスト論を批判した。彼はこれらの教義を単なる思弁であり、教会が創始者に捧げる認容と価値判定の表現にすぎないと位置づけている。Vgl. Albrecht Ritschl, *Die christliche Lehre von der Rechtfertigung und Versöhnung*, 2. Aufl. 1983, III, S. 394.

（4）*The Myth of God Incarnate*, London : SCM Press, and Louisville : Westminster John Knox, 1977.

（5） *Problems* pp. 11-12.

（6） ただし厳密に言えば、トレルチはキリスト教の絶対性そのものを否定しているわけではない。彼は、キリスト教徒の個人的な確信の問題としてキリスト教は「絶対的」であると言う。しかし、そういった信仰のレヴェルでは、キリスト教に限らず、どの宗教でもそういう表明は成り立つし、文字どおりの「絶対性」は維持できないであろう。現代キリスト教神学を代表するトレルチのこの曖昧さは、宗教の客観的な理解と信仰的な理解の架橋の困難さを象徴していると言える。

（7） 結果的から言えば、書物の内容以前に、「キリストが受肉した神であるというのは神話にすぎない」という簡単明瞭なタイトル、共同執筆者に聖公会の権威的な神学者たちが含まれている点など、いくつかの条件が重なり、ヒックの思惑通り、神学界だけではなく、一般社会へもその主張が知られることに成功した。もっとも、その反響は、予想以上に大きく、かつ、センセーショナルなものとなり、一時は「キリストへの反逆者」「悪魔のえじき」などと言った背教者のレッテルを張られることにもなった。

（8） 以下でおこなう考察は、John Hick, ‘The Non-Absoluteness of Christianity,’ In *Uniqueness* pp. 30-33 に基づいている。

（9） ヒックは、三位一体論に関する教会の従来の解釈に対して否定的、あるいは、少なくとも現代では通用しないと考えている。この点は、三位一体論に対する教会の営為を、キリスト教信仰に固有である神の個別性を保持するために払った弛みない努力として位置づけようとする、宗教多元主義への批判者シュヴェーベルの理解とはまったく逆のスタンスとなっている。Christoph Schwöbel, ‘Particularity, Universality, and the Religions,’ In *Reconsidered* p. 36.

（10） 周知のように、ブルトマン（Rudolf Bultmann　一八八四—一九七六年）は「非神話化論」（Entmythologisierung）を提唱した。Vgl. Rudolf Bultmann, ‘Neues Testament und Mythologie,’ In *Kerygma und*

Mythos I, Hrsg. von H. W. Bartsch, 2. Aufl., 1951（邦訳、山岡喜久男『新約聖書と神話論』新教出版社、一九五六年）。宗教的な言語はその当時の常識を背景にした神話にほかならず、したがって、神話をそのまま受け取るのではなく、それを解釈することが重要視される。ヒックにおける三位一体論の神話化とその解釈の問題はおそらくこの非神話化論を前提においていると思われる。

(11) 以下の考察は Stanley J. Samartha, 'The Cross and the Rainbow : Christ in a Multireligious Culture,' In *Uniqueness* pp. 75-81 に基づいている。

(12) この定式がいつ頃確立したのかは明確なことは言えない。少なくともシャンカラ（Śaṅkara 七〇〇—七五〇年頃）以降であると思われる。

(13) たとえば、近代インド最大の思想家と称されるオーロビンド（Aurobindo Ghose 一八七二—一九五〇年）やガーンディーもこのような絶対者観をとっている。

(14) サマルサは包括主義を「排他主義の親戚」と呼んでおり、排他主義との区別の必要性をそれほど認めていない。Cf. Stanley J. Samartha, *op. cit.*, p. 79.

(15) Cf. Stanley J. Samartha, *op. cit.*, pp. 79-81.

(16) 排他主義・多元主義を批判する包括主義の立場とみなされるシュヴェーベルも同様の指摘をしている。Cf. Christoph Schwöbel, *op. cit.*, p. 31.

(17) その典型例としてリッチュルを挙げることができる。彼は、三位一体論を不合理なものとして否定した。その結果として、彼のキリスト教観は神秘性を消失した、著しく倫理的なものとなった。

(18) 前者は「ヨハネによる福音書」第三章・第十六節、後者は「コリント人への手紙Ｉ」第十五章・第二十八節。

(19) "the Real *an sich*" と表現される場合もある。むしろ、ヒックの用例からすると、こちらの方が多いかもしれない。Cf. *Interpretation* p. 236, John Hick, *The Metaphor of God Incarnate : Christology in a Pluralistic Age*,

London : SCM Press, 1993, p. 141（邦訳、J・ヒック著、間瀬啓允・本多峰子訳『宗教多元主義への道』玉川大学出版部、一九九九年）。これは明らかにカントの"Ding an sich"を前提においたものである。

(20) これは"the Real as variously experienced-and-thought by different human communities"とも表現されている。Cf. *Interpretation* p. 236.

(21) エリオット・ドイチュは、カントの認識論に立脚した二種の実在の想定を二元論として批判し、仏教ではこの二元論的な発想を受け入れることが不可能であると指摘している。Cf. E. Deutsch, 'Review of an Interpretation of Religion : Human Responses to Transcendent, by John Hick,' In *Philosophy East and West* 40, 1990, pp. 557-562. しかし、ヒックの実在説は、ドイチュが指摘するような単純な二元論とは言えないだろう。

(22) 厳密に言えば、ヒックがカント認識論を援用するようになるのは、宗教多元主義の提唱後、その理論がさらに発展した段階からである。本書ではあえて触れなかったが、ヒックの宗教多元主義は①教会・キリスト中心の神学から神中心の神学へ、②神中心の神学から実在中心の神学へ、という推移が見いだされ、カント認識論が取り込まれるのは②においてである。なお、宗教多元主義の批判者デコスタは、①のコペルニクス的転回と区別して、②を「カント的転回」と呼んでいる。G・デコスタ「ヒックと宗教多元主義――さらなる転回へ――」『探究』一四―一六頁を参照。

(23) Ludwig Wittgenstein, *Philosophical Investigations*, Trans. G. E. M. Ascombe, Oxford : Basil Blackwell, 1953, p. 193.

(24) Ludwig Wittgenstein, *op. cit.*, p. 197.

(25) *Rainbow* p. 7.

(26) トインビー（Arnold Joseph Toynbee 一八八九―一九七五年）はその一致性のゆえに、大乗仏教を高く評価した。湯田豊『トインビーと宗教』北樹出版、一九八四年、増補版、一九九三年、五十四―五十八頁を参照。

（27）ヒックの終末論的検証については *Problems* pp. 110-125、および、間瀬啓允「ジョン・ヒックの宗教言語論」『哲学』第八十九集、一九八九年を参照。

（28）厳密に言えば、さらに「もし究極的実在が存在しないとしても、それを反証することはできない」という規定が加わるだろう。ただし、話を分かりやすくするため、この部分は省略した。

（29）*Rainbow* pp. 29-30.

（30）*Rainbow* p. 111.

（31）*Problems* p. 44.

（32）前者の「見えない宗教」については、Thomas Luckmann, *The Invisible Religion : The Problem of Religion in Modern Society*, New York : The Macmillan Company, 1967.（邦訳、Th・ルックマン著、赤池憲昭、J・スィンゲドー訳『見えない宗教』ヨルダン社、一九七六年）、後者の「ニューエイジ運動」については、島薗進『精神世界のゆくえ――現代社会と新霊性運動』（東京堂出版、一九九六年）を参照。

［第四章］

（1）John B. Cobb, Jr., *Beyond Dialogue : Toward a Mutual Transformation of Christianity and Buddhism*, Philadelphia : Fortress, 1982.

（2）この事情についてはカブ自身が記している。それによると、会議の趣旨と自らの主張に大きな隔たりを感じたと言う。Cf. John B. Cobb, Jr., 'Beyond "Pluralism,"' In *Reconsidered* p. 81.

（3）John B. Cobb, Jr., *op. cit.*, pp. 81-83.

（4）もっとも、神とブッダという違いはあるが、キリスト教でも、ドイツ神秘主義や東方正教（従来の「ギリシャ正教」という呼称は妥当でないと指摘されている。落合仁司『〈神〉の証明』（講談社現代新書、一九九八年）三八頁を参照）などでは、人間と神の一体化という思想が存在する。逆に仏教でも、密教の大日如来のように、創造神を思わせるブッダ観もある。

（5）Cf. John B. Cobb, Jr., *op. cit.*, p. 83.

（6）Cf. John B. Cobb, Jr., *op. cit.*, p. 84.

（7）既出。本書、第二章の注(5)を参照。

（8）Cf. John B. Cobb, Jr., *op. cit.*, p. 84. また、*do.*, p. 88 では「根源的な多元主義」（radical pluralism）とも呼ばれている。

（9）Cf. John B. Cobb, Jr., *op. cit.*, p. 84.

（10）概念相対主義については、Maurice Mandelbaum, 'Subjective, Objective, and Conceptual Relativism,' In Jack W. Meiland and Michael Krausz eds., *Relativism : Cognitive and Moral*, Notre Dam and London : University of Notre Dame Press, 1988, esp. pp. 36, 45–55 を参照。なお、同書に含まれる Donald Davidson, 'On the Very Idea of a Conceptual Scheme' では概念枠そのものの成立を疑問視している。参考文献に関しては福岡大学の関口浩喜氏からご教示をいただいた。記して感謝したい。

（11）Cf. John B. Cobb, Jr., *op. cit.*, pp. 85–86.

（12）カブは概念相対主義に否定的であるが、概念相対主義的な視点から宗教間対話の道を探ろうとする主張もある。星川啓慈「宗教間対話と内在的概念相対主義」『宗教研究』三一三号、一九九七年、一―一九頁、および、田丸徳善、星川啓慈、山梨有希子『神々の和解　二一世紀型の宗教間対話』（春秋社、二〇〇〇年）一六五―一八三頁を参照。

（13）Cf. John B. Cobb, Jr., *op. cit.*, p. 86.

（14）「ヨハネの福音書」（第十六章・第十二―十五節）。デコスタもこの発言を注目し、キリスト教が他の宗教に学ばなければならない根拠として位置づけている。Cf. Gavin D'Costa, 'Christ, the Trinity, and Religious Plurality,' In *Reconsidered* p. 23.

(15) パニカーの経歴などについては、パニカーの著作 *Invisible Harmony : Essays on Contemplation & Responsibility*, Harry James Cargas ed., Minneapolis : Fortress Press, 1995. に付された Harry James Cargas の Introduction（iv-xxiv）を参考にした。

(16) Cf. Raimundo Panikkar, 'The Jordan, the Tiber, and the Gagages : Three Kairological Moments of Christic Self-Consciousness,' In *Uniqueness* p. 92.

(17) Cf. Raimundo Panikkar, *op. cit*., p. 92.

(18) Cf. Raimundo Panikkar, *op. cit*., p. 103.

(19) Cf. Raimundo Panikkar, *op. cit*., p. 109.

(20) Cf. Raimundo Panikkar, *op. cit*., p. 111.

(21) ニッターによる序文で述べられている。Cf. Paul F. Knitter, 'Preface,' In *Uniqueness* x.

(22) ヒックのコメントである。Cf. *Rainbow* p. 70, n. 30.

(23) Cf. Rowan Williams, 'Trinity and Pluralism,' In *Reconsidered*. この論文はパニカーの説を基調にして書かれていると言える。

［第五章］

(1) デコスタによるヒックの宗教多元主義批判については、Gavin D'Costa, *John Hick's Theology of Religions : A Critical Examination*, New York and London : University Press of America, 1987、および、G・デコスタ「ヒックと宗教多元主義――さらなる転回へ――」『宗教多元主義の研究　ジョン・ヒック考』十三―二十五頁を

参照。

(2) 以下の内容はGavin D'Costa, 'Christ, the Trinity, and Religious Plurality,' In *Uniqueness* に基づいている。また、同氏は、三位一体論を他宗教理解において積極的に捉えるという同様のパースペクティヴに基づいて *The Meeting of Religions and the Trinity*, Maryknoll, New York : Obris Books, 2000 を出版している。

(3) Gavin D'Costa, 'Christ, the Trinity, and Religious Plurality,' In *Uniqueness* p. 20.

(4) サマリヤ人の譬喩に関しては、異なる立場からの解釈も出されている。八木誠一「現代人と神」（山本和編『現代における神の問題』創文社、一九七八年）一―二十六頁を参照。

(5) ニッターはヒックとともに宗教多元主義の有力な推進者として知られる。ここで言及されているのは、Paul F. Knitter, 'Toward a Liberation Theology of Religions,' In *Uniqueness* p. 190.

(6) 本書・第四章の注(14)を参照。デコスタはヨハネのこの記述を「解釈学的循環」(hermeneutical circle) と呼んでいる。Cf. Gavin D'Costa, *op. cit.*, p. 23.

(7) Vgl. Paul Tillich, *Das Dämonishe. Ein Beitrag zur Sinndeutung der Geshichite*, 1926.

(8) 一九七〇年代から八〇年代の半ばにかけて、中南米の各地で独裁政権に対して解放の神学者たちが抵抗運動を展開した。その過程で、独裁政権を打倒した新政府による外国人神父の国外退去をきっかけとして、解放の神学者たちとヴァチカン法王庁が対立するに至り、ヴァチカン法王庁は、新政府の閣僚に就任した神父を破門したり、指導的な解放の神学者を喚問しようとした。さらに、教会の権威を公然と否定してやまない解放の神学者たちを一掃すべく、ローマ法王ヨハネ・パウロ二世自らがペルーに乗り込んだ。ところが、貧困にあえぐ人民のあまりにも悲惨な状況を目の当たりにした法王は、意を翻し、解放の神学批判の矛先をおさめ、あらゆる手段を講じて、人民の救済を政府に訴えるに至った。やがて「キリスト者の自由と解放に関する指導指針」を発表し、解放の神学を容認することとなった。

(9) Cf. Gavin D'Costa, *op. cit.*, p. 21.

(10) Christoph Schwöbel, 'Particularity, Universality, and the Religions,' In *Reconsidered* p. 34.

(11) シュヴェーベルはその具体例として、グノーシス主義、新プラトン主義、様態論、アリオス主義、ソッツィーニ主義、理神論を挙げている。このうち、グノーシス主義、新プラトン主義、理神論以外の事例について簡単に説明しておこう。様態論とは「様式論的単一神論」(modal monarchianism)とも呼ばれるもので、三位一体中の父なる神の優位を主張する。キリストは父なる神の顕現様式であり、したがって、十字架の受難者は父なる神そのものであるとする。アリオス主義は、アリオス(Areios 二五〇―三三六年頃)の提唱したもので、キリストを、神から離れる自由さをもったロゴスが人間の肉体と結びついたものと捉える。つまり、神とキリストとの異質性(anomoios)を主張する。このアリオスと同質性を主張したアレクサンドロス(Alexandros ?―三二八年)の論争が有名なアリウス論争である。ソッツィーニ主義とは、ソッツィーニ(Frausto Sozzini 一五六〇―一六〇四年)が提唱したユニテリアン神学で、神を父なる神だけに限定して、三位一体論を否定する。したがって、イエス・キリストは単なる人間として位置づけられる。いずれも、キリスト教のもつ神の個別性という神理解を、普遍的で無時間的・非空間的な究極的リアリティーに一致させようとする合理的な試みである。

(12) Cf. Christoph Schwöbel, *op. cit.*, p. 36.

(13) ここで斥けられる三位一体論解釈のうち第三番目のものは、「一つの神性に三つの様相がある」とするヒックの三位一体論解釈への批判ともなりうる。Cf. John Hick, 'The Non-Absoluteness of Christianity,' In *Uniqueness* p. 32.

(14) Cf. Christoph Schwöbel, *op. cit.*, p. 36.

(15) この点は、非通約的多元主義者のカブやパニカーの主張とも一致すると言えるだろう。

(16) Cf. Christoph Schwöbel, *op. cit.*, p. 40.

(17) トレルチによれば、キリスト教の起源は神の啓示とは無関係に、イエスをキリストとして崇拝する信仰形態が発展したものにほかならない。その意味で、キリスト教信仰の絶対性は成り立たない。それにもかかわらず、トレルチは「個人の確信」という視点から、キリスト教の絶対性を保持しようとする。しかし、小田垣雅也氏が指摘しているように、この「個人の確信」は絶対性を証明するものではなく、むしろ、絶対性証明の放棄を意味するであろう。小田垣雅也『現代のキリスト教』（講談社学術文庫、一九九六年）七十四頁を参照。

(18) Cf. John Hick, *op. cit.*, p. 32.

(19) *Problems* pp. 33-34.

(20) 第二章、第四節でも触れたように、このタームは代表的なカトリック神学者ラーナーが使用したものである。ヒックはこのタームを包括主義の押しつけがましさを象徴するものとしてしばしば言及するが、このタームについては、ラーナーが他宗教理解の問題に積極的に取り組んだ結果として生まれた点を銘記すべきである。

(21) 本書・第三章の注(14)を参照。

(22) キリスト教神学者であるミルバンクは、宗教の普遍的な理解を意図する宗教多元主義こそが暗黙のうちに欧米的な思考を押しつけているのではないかと批判している。Cf. John Milbank, 'The End of Dialogue,' In *Reconsidered* p. 175.

あとがき

今から約二十数年ほど前から、キリスト教神学あるいは宗教哲学関係の知識人たちを中心にして、宗教多元主義と呼ばれる新しい主張が提唱された。それは端的に言えば、宗教が多元的に存在していることを認めるものに他ならない。

ところで、宗教が多元的に存在していることは、現象面から見れば自明のようであるが、実に難しい問題が含まれている。それは、異なる信仰が両立しうるか、そして、両立するとすれば、それはどのような形においてなのか、という問題である。こういう問題を根底に置いていることもあって、一般に宗教多元主義について論じる場合、それに同意するか、拒否するかという両極的な視点から行われることが多いように思われる。

しかし本書では、宗教多元主義に同意するか、拒否するかという視点に立つことをあえて避けたいと思う。本書のとる視点は、宗教多元主義が今後の宗教理解にとって重要な提言を行っているというパースペクティヴから、宗教多元主義をめぐって今日まで進行している論争をトレースしようとするものである。これはけっして宗教多元主義に関する価値判断を回避しているわけではない。本書が目指すのは、宗教多元主義に関する是非を早急に決めることではなく、その論争で展開される様々な試みから今後の宗教哲学的な営為、あるいは、宗教理解に対して何らかの手掛かりを導き出そうとすることである。その論争をトレースすることは、宗教という存在を可能なかぎり理性的かつ真摯に理解しようとする者にとって有意義なものになるにちがいないと思う。

平成十三年一月二十四日

福岡にて

岸根敏幸

《著者紹介》

岸 根 敏 幸（きしね　としゆき）

昭和38年、尾道うまれ。横浜そだち。早稲田大学第一文学部、東京大学大学院人文科学研究科を経て、博士（文学）の学位を取得。現在、福岡大学人文学部教授。専門は神話学、宗教学、仏教学、研究テーマは「宗教と神話を中心とする思想文化研究」。単著書に『チャンドラキールティの中観思想』（平成13年、大東出版社）、『日本の宗教――その諸様相――』（平成16年、晃洋書房）、『日本の神話――その諸様相――』（平成19年、晃洋書房）、『古事記神話と日本書紀神話』（平成28年、晃洋書房）がある。

宗教多元主義とは何か
――宗教理解への探求――

2001年4月20日　初版第1刷発行
2019年4月15日　初版第6刷発行
＊定価はカバーに表示してあります

著　者　岸 根 敏 幸©
発行者　植 田 　 実
印刷者　田 中 雅 博

発行所　株式会社　晃 洋 書 房
〒615-0026　京都市右京区西院北矢掛町7番地
電　話　075(312)0788番(代)
振替口座　01040-6-32280

ISBN978-4-7710-1262-2
印刷　創栄図書印刷(株)
製本　(株)藤 沢 製 本